全国高校就业创业特色教材课题研究成果

教育部学生服务与素质发展中心组织编写

# 创新与创业实践

主　编　张彦文　左　红

副主编　周琳滨

编　者　（按姓氏笔画排序）

　　　　左　红　叶　松　孙　峰　张　鑫

　　　　张彦文　周琳滨　臧婵媛

中国出版集团有限公司

世界图书出版公司

西安　北京　上海　广州

图书在版编目(CIP)数据

创新与创业实践/张彦文,左红主编.—西安:世界图书出版西安有限公司,2023.7
ISBN 978 - 7 - 5232 - 0508 - 2

Ⅰ.①创…　Ⅱ.①张…②左…　Ⅲ.①创业—高等职业教育—教材　Ⅳ.①G717.38

中国国家版本馆 CIP 数据核字(2023)第 130959 号

| | | |
|---|---|---|
| 书　　名 | 创新与创业实践 | |
| | CHUANGXIN YU CHUANGYE SHIJIAN | |
| 主　　编 | 张彦文　左　红 | |
| 责任编辑 | 王　娜 | |
| 装帧设计 | 绝色设计 | |
| 出版发行 | 世界图书出版西安有限公司 | |
| 地　　址 | 西安市雁塔区曲江新区汇新路 355 号 | |
| 邮　　编 | 710061 | |
| 电　　话 | 029 -87214941　029 -87233647(市场营销部) | |
| | 029 -87234767(总编室) | |
| 网　　址 | http://www.wpcxa.com | |
| 邮　　箱 | xast@ wpcxa.com | |
| 经　　销 | 新华书店 | |
| 印　　刷 | 郫县犀浦印刷厂 | |
| 开　　本 | 787mm×1092mm　1/16 | |
| 印　　张 | 8.25 | |
| 字　　数 | 181 千字 | |
| 版　　次 | 2023 年 7 月第 1 版 | |
| 印　　次 | 2023 年 7 月第 1 次印刷 | |
| 国际书号 | ISBN 978 -7 -5232 -0508 -2 | |
| 定　　价 | 34.00 元 | |

# 前　言

　　习近平总书记在党的二十大报告中强调，必须坚持科技是第一生产力、人才是第一资源、创新是第一动力，深入实施科教兴国战略、人才强国战略、创新驱动发展战略，开辟发展新领域新赛道，不断塑造发展新动能新优势。教育、科技、人才是全面建设社会主义现代化国家的基础性、战略性支撑。二十大报告中强调了"创新在我国现代化建设全局中的核心地位"，并"尊重创造"，我们要把学习贯彻党的二十大精神与教育教学、学科建设、创新创业等工作有机结合起来，为新时代培养堪当民族复兴大任的拔尖创新人才做出新的更大贡献。

　　2021年9月22日，国务院办公厅印发《关于进一步支持大学生创新创业的指导意见》（以下简称《意见》）。《意见》指出，大学生是大众创业万众创新的生力军，支持大学生创新创业具有重要意义。要以习近平新时代中国特色社会主义思想为指导，全面贯彻党的教育方针，落实立德树人根本任务，立足新发展阶段、贯彻新发展理念、构建新发展格局，坚持创新引领创业、创业带动就业，提升人力资源素质，实现大学生更加充分更高质量就业。为响应政策，深化高校创新创业教育改革，构建并完善高校创新创业体系，提高创新创业教学质量，增强大学生创新创业素质，特编写本书。

　　大学生创业基础教育是一种面向全体大学生的通识教育，体现的是创新型人才培养的教育理念，是大学生综合素质教育的重要组成部分。高校作为高层次人才培养的主要阵地，应该有效通过第一课堂、第二课堂和各种社会实践活动引导学生强化创业意识和创业能力，敢于创业，善于创业。本教材获批2021年全国高校就业创业特色教材项目——《大学生创新创业教育特色教材建设研究》（项目号：JC21008）。本教材在结合大学生创新创业问题的基础上，从理念、态度、知识、技能等层面细化学习目标，阐述基本理论与观点，分析实际案例，以激发创业意识，提升学生创新创业的知识和能力。本书分为两篇，共六章内容。第一篇创新篇主要内容包括创新导论、创新的心法和技法、创意优化方法（头脑风暴法），第二篇创业篇主要内容包括产品需求分析、创业计划书与路演技巧、企业的创办。

本书在编写过程中借鉴和参考了国内外大量创业指导与创业教育研究方面的文献资料，以及一些专家教授的理论和观点，书中引用的案例与教材部分来自期刊、网络，在此一并表示感谢。

由于编者水平有限，书中难免有疏漏和不当之处，真诚欢迎广大读者批评指正，以期修订时得以完善。

编者

2023 年 6 月

# 目　录

## 第一篇　创新篇

# 第二篇　创业篇

第一篇

创 新 篇

# 第一章

# 创 新 导 论

创新是指能为人类社会的文明与进步创造出有价值的，前所未有的全新物质产品或精神产品的活动。只要能够给资源带来新价值的活动都是创新。创新是人类特有的活动。人人可以创新，时时可以创新，处处可以创新。

本章在同学们对创新、创业有了基本认知的基础上，结合"新医科"背景，从动机、实践、信念等角度，介绍如何成为"创新者"，并简要介绍"新医科"背景下的创新教育。

## 第一节　如何成为"创新者"

在学习了《大学生创新创业基础（一）》关于创新的知识后，我们对创新有了一定的认识。创新是对事物进行更新、创造及改变，并使其具有生产或市场价值的实践过程。创新具有三个基本特性，即目的性、差异性和价值性。创新并非天才的专利，也不是灵光乍现的结果。它是由一系列步骤组成的循序渐进的工作，通往创新的成功之路，只有执着的信念和脚踏实地的行动。

### 一、如何培养"创新者"

研究创造力的心理学家罗伯特·斯腾伯格博士指出："创造力是一种习惯。但是，我们有时也把它当作一种坏习惯。与任何习惯一样，创新既可以被鼓励，也可以被抑制。"在信息技术飞速发展的年代，越来越多的 00 后群体能够通过互联网学习到很多关于创新、创造的知识，并在互联网上传照片、视频、交流思想。在新型数字媒体平台的作用下，他们比以往任何一代人都能够更快速地接纳新技术，了解世界。在此基础上，如果能够进一步培养他们的积极性、创造力、沟通协作能力，培养他们的同理心、毅力和公德心等重要的性格、品质，他们将会成为最具有创新性的一代人，成为改变世界、推动社会前进的主力军。

"创新者"应该具备的创新能力主要包括以下四个方面。

（1）专业知识：既包括理论性知识、技术性知识，也包括实践性知识和系统性知识。创新活动的基本前提就是必须具有足够的专业知识，否则，创新就是空中楼阁。只有掌握了扎实系统的专业知识及丰富的知识储备，才能充分激发创新潜力。

（2）创新思维：拥有创新思维是我们在解决问题时拥有想象力和灵活性的前提和基础。创新思维决定了我们的解决方法是否独特，是否能够突破现状。形成创新思维的关键是掌握正确的创新方法。创新方法能够帮助我们打破思维定式，拓展创新思维。

（3）创新人格：心理学研究表明，在智力因素相近的情况下，人格因素会成为创新能力的关键因素。创新人格反映的主要是创新主体良好的思想面貌和精神状态，是创造性活动成功的关键。创新人格的组成要素包括创新动机、创新兴趣、创新热情和创新意志。美国心理学家吉尔福特更加具体地描述了创新人格的特征——有旺盛的求知欲；有强烈的好奇心，对事物的运动机理有深究的动机；有丰富的想象力、敏锐的直觉，喜欢抽象思维，对智力活动和游戏有广泛的兴趣；有高度的自觉性和独立性，拒绝雷同；意志品质出众，能够排除外界干扰，长时间地专注于某个感兴趣的问题；知识面广，善于观察；工作中讲求理性、准确性和严格性；富有幽默感，具备卓越的文艺天赋。

（4）创新素养：获取信息的能力，团结协作的能力，沟通交流的能力及行动和实践的执行力。

总之，创新能力是发现和解决新问题、提出新设想、创造新事物的能力。创新能力是在智力发展的基础上形成的一种综合能力，是人的能力的重要组成部分。随着社会的发展与进步，创新能力已经日益成为新时代人才必备的重要素质之一。

## 二、创新的动机

耶鲁大学著名心理学教授斯坦伯格发现，个性中的动机是创新活动的内在驱动力。强烈的动机可以驱使个体将注意力集中在所从事的创造性劳动中。中国科学院心理研究所的施建农和徐凡提出了"创造性活动中智力导入量"的概念，指出个体在从事创造性活动时的态度，对创造性活动的完成情况能够起到关键作用。同时，还提出控制智力导入量的开关机制的假设。具体来说，个体动机等因素是通过影响做事态度而最终影响创造性活动中的智力导入量。动机可以直接控制智力的导入量。简单来说，一个人如果从事一项非常感兴趣的活动，那么，他就具有了完成该活动的强烈内在动机，更有可能在这方面取得好的创造性成果。

动机来源于兴趣和激情，但是仅有这两个要素还不够。动机应该有三个基本要素，兴趣、激情和梦想，这三个要素之间的相互作用，从唤起兴趣到迸发激情，再到产生梦想。形成连贯一致的动机发展路线。

## （一）兴趣

我国古代著名的教育学家、思想家孔子曾说过："知之者不如好之者，好之者不如乐之者。"只有"好之""乐之"，才能有高涨的热情和强烈的求知欲望。心理学家认为：兴趣是指一个人积极探究某种事物或爱好某种活动的心理倾向，这种倾向反映了人对客观事物的选择性态度，可使人们积极观察和认识事物。

兴趣是需求的一种表现方式，人们的兴趣往往与他们的直接或间接需求有关。一个人对于某种事物感兴趣，就会产生接近这种事物的倾向，并积极参与相关活动，表现出乐此不疲的极大热情。例如，有的学生喜欢音乐，课余和空闲时间就会经常听音乐，并从中获得乐趣。

兴趣源于两个层面的驱动要素。一是对事物的好奇心与求知欲，也就是一个人想要做某件事的内在愿望；二是提高、改进和完善事物的愿望，也就是一个人想要使某件事情变得更好的愿望。

当人们不是由外部压力所驱动，而是被兴趣、满足感和工作本身的挑战所激发时，人们将变得更具有创造力。

兴趣的培养首先要学会提出问题、发现问题，要有合理的质疑精神和批判性思维。同时还要增加人文、哲学等多学科领域的知识，提高自身的审美能力和幽默感，以此来提升观察问题的敏感度和想象力。

## （二）激情

兴趣可以点燃激情。心理学上将激情定义为一种强烈的情感表现形式，具有迅猛、强烈、难抑制等特点。我们所说的激情包括探索新事物和学习新知识的激情、渴望深入理解事物的激情，以及决心掌握高科技或高难度技能的激情。阿里巴巴的创始人马云是位富有激情的人，正是这种激情让他离开了已经工作六年的教学岗位，转而投身商海。从高考失利到创建阿里巴巴，马云经历了九次失败。但是，马云没有放弃，第十次创业终于取得成功。在阿里巴巴刚刚成立时，马云对他的创业同盟者发誓说："我们要建成世界上最大的电子商务公司，进入全球网站前十名！"马云的激情引领阿里巴巴、淘宝、天猫成为全球电子商务第一品牌，促进了中国电子商务的发展，随后开发的支付宝又开启了无纸币时代的到来，"双十一"更成为全球盛会，大大促进了中国与其他国家的贸易往来。

成功创业者与失败创业者的区别，就在于是否有毅力。只有具备了真正的激情，才能有毅力坚持下去。

如何充满激情？激情分为两种类型。一种是强迫性的激情。它削弱人的活力，让人难以控制冲动而沉迷于某一件事无法自拔，如沉迷游戏而荒废学业等。另一种是和谐性的激情。这种激情能以积极的方式让人充满梦想和希望。培养激情可以尝试先从某一项兴趣入手，每天进步一点点，循序渐进，并坚持几个月不放弃。我们必须经历早期的探索阶段，发现某件事情是否真的让我们备受鼓舞，并且愿意负起责任完成，这样才会培养出真正的热情。

## （三）梦想

丹尼尔·平克在《驱动力》一书中提到，仅仅依靠纯粹的激情不足以作为动力，使人在面对困难或挫折时选择坚持下去。从心理学定义的角度说，激情在情绪驱动下稍纵即逝，很容易让人中途放弃、半途而废。因此，短暂的激情需要通过学习、探索和思考逐渐演变成更深层、更持久、更牢靠的境界——梦想。

以"两弹元勋"邓稼先先生为代表的爱国科学家，在新中国成立之初放弃了国外优越的工作条件和生活环境，冒着风险冲破层层阻挠回到祖国，义无反顾地投身到祖国最需要的神秘"应用性研究"。只为了"不要让人家把我们落得太远……"。他们放弃了已经取得的学术成果和学术地位，隐姓埋名数十年，终于研制出中国独立自主的尖端技术，打破了外国的核垄断地位，推动我国走上了航天强国之路。由此可见，一个远大的梦想是足以让一个人、一群人奋不顾身地去努力。我们经常说："激情成就梦想"，梦想实现需要投入激情。换一个角度来说，梦想是诱发激情的一个重要因素。如果一个人有了远大目标、梦想或者抱负，就会拥有不断进取的动力，能够让原本不可能发生的事情变成可能。不满足于现状，就是对美好未来的期望，它会不断激励你完成心中树立的目标。

如何设定目标？内驱力是完成设定目标的重要动力，也就是发自内心想要做某件事，而不是受他人奖励等外在因素的影响。只有基于内驱力设定的目标，才能给我们带来行动的激情，让我们做到坚持不懈。

## 三、创新的实践

动机是创新活动的起因，实践是创新活动开始和持续发展的动力源泉。

### （一）行动

千里之行，始于足下。创新者在实践过程中不断质疑、观察、实践和交流，并通过探索、尝试和试错发现新东西，总结新方法。在实践过程中应注意与来自不同学科和文化背景的人沟通交流，从而收获不同观点，并学会用完全不同的视角看问题。创新者在实践过程要面对失败出错的风险，同时不断地对错误进行更正修改，在反复试错改正的过程中，创新者可以获得并加强单个或多个不同领域的专业知识。

### （二）思考

创新行动能够帮助创新者关联产生新的思想。脱离行动的思考只是纸上谈兵，常常会使创意陷入不切实际的困局。在创新活动中，我们应该用行动去刺激思考，再用思考产生的新想法、新灵感去改良和完善行动，最终形成一个良性的实践闭环。在行动中思考，在思考中行动，有助于认知的升级迭代，帮助创新者产生有价值的认知升级，从而提高创新活动的成功概率。

行动和思考的步骤如下：

（1）开始创新活动时，明确用户需求。

（2）定义和分析问题，进行缺点列举、功能分析等。

（3）确定有效的解决方案，可使用头脑风暴法等。

（4）原形设计，充分运用各种需要的专业知识。

（5）实验验证，采用各种需要的实验方法。

（6）如有错误，返回步骤（1）重新开始创新步骤；如无错误，走向步骤（7）结束创新活动。

（7）最终的创新产品和服务。

## 四、创新的信念

信念是认知、情感和意志的有机统一体，是人们在一定认识的基础上，确立的对某种思想或事物坚信不疑并身体力行的心理态度和精神状态。信念是创新人格，也是决定创新能否成功的重要心智要素。

如果一个人能够长期不间断地做同一件事情，并始终保持激情和耐力。无论遇到什么困难和挫折，都能够不忘初心、专注投入，那么，这个人就是一个有信念的人。

近年来，一种全新的教育理念席卷整个美国教育学界。这一教育理念就是坚毅教育。宾夕法尼亚大学心理学副教授安杰拉·达克沃思在其著作《坚毅》中，介绍了培养坚毅品质和能力的方法。

**1. 学会面对挑战**

真正的成功往往发生在突破极限的时候，体验极限和障碍是非常重要的学习途径。可以制订计划，让自己去做一件很难的事情，这件事情需要"跳一跳"才能做成，需要长期练习，并有一套严格的规律和规则，如钢琴，芭蕾。另外，不要过度关注结果，要把重点放在如何努力的过程上。在这个过程中，也许你会很焦虑，但是当你克服困难时，你就会慢慢爱上这件事，并且找到发自内心坚持下去的动力和自信。

**2. 不在感觉糟糕的时候结束**

不要过度相信天才论。这一理论可能会导致我们养成轻易放弃的坏习惯。实际上，即使是天才，也需要通过不懈的努力来磨炼自己的天赋。爱迪生做了6000次实验才发明电灯泡，所以被誉为天才发明家的他也告诉我们，天才是1%的天分加上99%的努力，才能够取得成功。

**3. 适时的督促**

适时的监督和督促有助于达成目标。当我们要开始做一件事情的时候，应该首先制订时间表，按照进度坚持反复练习。在这一过程中，可以请父母帮忙进行监督，也可以和同学相互督促。这样，在循序渐进中学习或做事的乐趣将会与日俱增。

**4. 拥抱无聊和沮丧**

创新活动很少第一次尝试就能成功，应该意识到创新活动是一段相当漫长的过程，并且布满艰难险阻，困惑、沮丧、感到无聊等负面情绪都是过程中的一部分。当你遇到困难时，可以尝试将大问题分解为小问题，然后尝试将小问题逐一解决，并在对小问题各个击破的过程中，逐步建立自信心。

创新过程不会像中彩票一般幸运，创新伴随着失败、痛苦和挫折。需要创新者在过程中不断尝试，不断纠错，并时刻自我激励，自我约束和自我调整，只有这样才能最终走向成功。

# 第二节  "新医科"背景下的创新教育

在全球工业革命 4.0 和生命科学革命 3.0 的背景下，医疗逐渐向智能化方向发展，医学科学的目标从单纯的疾病诊治转向维护与促进健康，人民群众期盼有更高水平的医疗卫生服务，这些变革势必催生医学教育的实质性转变，"新医科"由此应运而生。"新医科"一词曾经与"双一流"等热词一起入选了年度中国高等教育十大关键词。新医科是为适应新一轮科技革命和产业变革的要求，提出了从治疗为主到兼具预防治疗、康养的生命健康全周期医学的新理念。

## 一、什么是"新医科"

2018 年 9 月 17 日，为加快建设高水平本科教育，全面提高人才培养能力，教育部印发《教育部关于加快建设高水平本科教育全面提高人才培养能力的意见》等文件，决定实施"六卓越一拔尖"计划 2.0，即卓越工程师教育培养计划 2.0、卓越医生教育培养计划 2.0、卓越农林人才教育培养计划 2.0、卓越教师培养计划 2.0、卓越法治人才教育培养计划 2.0、卓越新闻传播人才教育培养计划 2.0、基础学科拔尖学生培养计划 2.0。对文、理、工、农、医、教等领域提高人才培养质量做出了具体安排，并重点强调"四新"即新工科、新医科、新文科、新农科建设。新医科将推进医工理文融通，紧密结合以人工智能为代表的新一轮科技革命和产业革命，全面整合精准医学、转化医学等方兴未艾的医学新领域，即传统医学与机器人、人工智能、大数据等进行融合。

根据教育部、国家卫生健康委员会、国家中医药管理局发布《关于加强医教协同实施卓越医生教育培养计划 2.0 的意见》，新医科作为构建健康中国的重要基础，要适应新一轮科技革命和产业变革的要求，实现从治疗为主到生命全周期、健康全过程的全覆盖，提升全民健康力。目前，已开设了精准医学、转化医学、智能医学等新专业，批准了 74 家高校附属医院为首批国家临床教学培训示范中心。

新医科是指高等学校专业设置中将设立新的医科专业或改造原有的医科专业，是高等教育主动适应人类社会从工业文明逐步进入信息文明社会对人才需求的转变。专业学科作为人才培养和科技发展的载体，必须顺应时代发展并进行创新改革，才能满足社会对人才的需求。目前，互联网、智能化、脑认知、芯片、精准医疗、大数据等新概念层出不穷，创新业态催生大学教育转型，传统的医科已不足以应对时代变革，信息时代必须重构一些核心知识，原来的老知识要升级换代。新医科是科学、人文、工程的交叉融合，是培养复合型人才，新医科培养的人才要适应和服务于信息时代的医学研究和医疗实践。

2019 年 4 月 29 日，教育部、中央政法委、科技部等 13 个部门在天津联合启动"六卓越一拔尖"计划 2.0，全面推进新工科、新医科、新农科、新文科建设，提高高校服务经济社会发展能力。同时，在会上公布了四大学科建设的工作组名单。其中，新医科工作组组长由北京协和医学院的王辰担任，北京大学詹启敏、中国医科大学闻德亮、复旦大学桂永浩、上海交通大学陈国强、中国科学技术大学包信和及四川大学张林担任副组长。另外，还有来自其他高校的 16 位成员。

通过推动医学教育改革，培养引领医学发展的卓越医学人才，才能紧跟科技创新的步伐。"新医科"顺应了科技进步、产业变革及中国高等教育的战略改革，从"生物医学科学为主要支撑的医学教育模式"向"医文、医工、医理、医×交叉学科支撑的医学教育新模式"转变，打造中国特色的"新医科"教育新体系，更符合健康中国战略建设的需求。

## 二、哪些专业属于"新医科"

因为新医科目前还属于新兴产物，严格意义上，属于新医科的专业尚未得到官方的正式认可，也没有高等院校开设确切的新医科专业。目前公认的属于新医科范畴的有精准医学、转化医学、智能医学等新专业概念。

在新形势下，尤其是健康中国战略的大背景下，积极发展"新医科"专业，不仅是为了满足社会需求，培养大量"复合型""创新型"人才，也是为了优化高校学科结构，提升高校整体竞争力。目前来看，布局新医科专业建设仍处于探索阶段。如果新医科专业建设能够顺利推进，势必大范围地改变传统学科构成，高校学科布局大洗牌或将来临。

## 三、如何开展创新教育

医学专业学生作为推动国家医疗卫生事业发展、科技含量较高、前沿性较强的群体，通过开展创新教育，培育其创新能力成为现代医学教育的重要内容和主要研究课题。当前，医学生的创新创业需求与发展面临着新的挑战，即面对我国百年新征程中迎来的新一轮科技革命、产业革命和医学发展新理念，医学生面临着创新创业发展的时代方向融合与特色发展。

开展医学生创新教育，既是当前医学生就业形势变化的现实需求，也是医学生实现个人全面发展的内在需求，更是当前我国社会可持续发展的重要动力和源泉。因此，要结合新的形势，面向医学生开展好创新教育，查找存在的问题和不足，进而在"新医科"理念的驱动与发展中，为医学生创新教育发展出谋划策。

（1）优化理论教育，引进校外优质课程资源，创新校内教学方式，丰富创新课程教育体系。通过引入优质在线课程资源、对标优质案例、系统培训，树立科学的创新教育观和课程观，打造良好的创新课程生态圈，建设有医学专业特色的学校创新教育在线课程；通过校企合作，以"新医科"建设为引擎，探索学校与企业之间的合作，与高水平学校的合作，建立多学科深度交叉融合、校际和校企之间协调办学机制，开发更多的具有医学特色的创新教育线下课程。

（2）提升实践能力，建立开发共享的实践教学平台。充分利用实验室、实训中心的科研实力和仪器设备，开阔学生的科研视野，培养学生的科研思维。学生在理论学习、动手实践的基础上，用自己的研究成果参加创新创业比赛，实现科研、教学对学生创新教育的促进。

（3）加强创新素质评价，记录学生创新教育综合成长过程。将学生在课堂学习、文献分享、实验操作、论文发表等环节的表现综合记录，形成阶段性成长报告，可以直接反映出每一名学生的创新教育活动参与情况。通过数据分析，对于参加"双创"活动表现较弱的学生加以引导，提升其积极性。

# 第三节　创新的案例

美国克利夫兰医学中心公布了 2022 年十大医疗创新成果。突破性技术名单是由克利夫兰医学中心主题专家委员会选出的。

美国科学咨询委员会 Advisory Board 也发文，在这份名单中，由克利夫兰医学中心科学家和医生组成的小组，在卫生系统创新执行主任和生物医学工程主席 D. Geoffrey Vince 的领导下，采访了近 100 名克利夫兰医学中心的领袖，汇编了 150 多项提名。上榜的技术必须拥有以下条件：

首先，具有重大的临床影响，通过改善结果、降低成本、满足未满足的需求等因素，使患者更受益。其次，在未来一年内有很大的机会在整个医学系统中被采用。另外，如果适用，它必须正在进行或已经结束临床试验，并且公布了卓越的结果，而且在未来一年内获得批准的可能性很大。

作为世界最著名的医疗机构之一，克利夫兰医学中心（Cleveland Clinic）是集合医疗、研究和教育三位一体，提供专业医疗和最新治疗方案的非营利性机构。它连续多年在《美国新闻与世界报道》的"全美最佳医院"排名中位于前列。克利夫兰医学中心有 3000 多名医生和科研人员，年问诊量近 600 万人次。就连许多中东富豪都会专程乘坐自己的私人飞机来这里看病。以下是美国 2022 年十大医疗创新。

**(一)下一代的 mRNA 疫苗学**

RNA 的生成、纯化和细胞递送方面的进展，让 mRNA 疫苗的开发跨越了广泛的应用范围，如癌症和寨卡病毒(zika virus)感染。该技术具有成本效益，制造相对简单，并且以一种新的方式激发免疫力。此外，新型冠状病毒肺炎(corona virus disease 2019，COVID - 19)的出现表明世界需要快速开发一种可在全球部署的疫苗。由于之前的研究为这项技术奠定了基础，因此在不到一年的时间里，有效的 COVID - 19 疫苗被开发、生产、批准和部署。这项改变格局的技术有可能被用来快速有效地管理一些医疗保健领域最具有挑战性的疾病。

**(二)前列腺癌的 PSMA 靶向治疗**

每年有超过 20 万名美国男性被诊断为前列腺癌，使其成为美国男性中最常被诊断的癌症。准确的成像对于肿瘤的定位、疾病的分期和检测复发至关重要。PSMA 是一种在前列腺癌细胞表面发现的高浓度抗原，是该疾病的潜在生物标志物。PMSA PET 扫描使用一种放射性示踪剂附着在 PSMA 蛋白上，然后与 CT 或 MRI 扫描相结合，使前列腺癌细胞的位置可视化。2020 年，这项技术在Ⅲ期临床试验的基础上获得了美国食品和药物管理局的批准。试验显示，与传统的骨扫描和 CT 扫描成像相比，检测前列腺癌转移的准确性大大提高。当被 PSMA PET 扫描早期发现时，复发的前列腺癌可以通过立体定向体外放射治疗、手术和(或)系统治疗的个性化方式进行针对性治疗。

**(三)降低低密度脂蛋白的新疗法**

众所周知，血液中的胆固醇水平高，特别是低密度脂蛋白胆固醇(low density lipoprotein cholesterol，LDL - C)，是导致心血管疾病的一个重要因素。2019 年，美国食品药品监督管理局(food and drug administration，FDA)审查了 inclisiran 在治疗接受最大耐受剂量他汀类药物治疗时，LDL - C 升高的成人原发性高脂血症的申请。inclisiran 是一种可注射的小干扰 RNA，针对 PCSK9 蛋白。与他汀类药物相比，它不需要经常用药(每年两次)，与他汀类药物一起使用可有效和持续地降低 LDL - C。它的长期效果可能有助于缓解不依从药物治疗的情况，这是导致胆固醇水平下降失败的主要原因之一。inclisiran 于 2021 年 12 月获得 FDA 批准。

**(四)用于治疗 2 型糖尿病的新药**

在美国，每 10 个人中就有 1 人患有糖尿病，这影响了身体如何将食物加工成能量。一种潜在的疗法是每周注射一次双重葡萄糖依赖性胰岛素多肽(glucose -

dependent insulinotropic polypeptide，GIP)和胰高血糖素样肽 - 1(GLP - 1)，旨在控制血糖。在皮下注射，GLP - 1 和 GIP 受体使胰腺释放胰岛素并阻断激素胰高血糖素，限制了餐后血糖的飙升。此外，它还能减缓消化速度，使个人保持更长时间的饱腹感，吃得更少。到目前为止，晚期Ⅲ期临床试验显示，该疗法可显著降低 2 型糖尿病患者的血红蛋白 A1C，并支持减肥，使其可能成为迄今为止最有效的糖尿病和肥胖症疗法。

### (五)产后抑郁症的突破性治疗

专家认为，产后抑郁症的发病率可能至少是目前统计数字的两倍，因为许多病例没有被诊断出来。目前，咨询和抗抑郁药是主要的治疗方法，但这些治疗方法对一些产妇疗效不佳。2019 年，美国食品药品监督管理局批准了一种旨在专门治疗产后抑郁症的静脉输液疗法。这种新颖的治疗方法，是昼夜不停地进行 60 小时的治疗，使用一种神经类固醇来控制大脑对压力的反应。此外，这种治疗方法似乎很快就能显示出效果，而传统的抗抑郁药通常需要 2～4 周才能产生明显的效果。对于患有这种经常被忽视的疾病的妇女来说，这种快速治疗方案将是一种突破。

### (六)肥厚型心肌病的靶向药物治疗

几十年来，临床医生只能使用为治疗其他心脏疾病而开发的药物来治疗患者的肥厚型心肌病(hypertrophic cardiomyopathy，HCM)症状，但效果有限。一种新的治疗方法能够减少许多患者的问题根源。一种一流的药物专门针对心肌，以减少由基因变异引起的异常收缩，使心脏进入超负荷运转。通过专门作用于 HCM 患者的这种机制，这种新型治疗方法不仅可以改善症状和生活质量，而且有可能减缓疾病的恶化。美国食品药品监督管理局已将这种疗法的目标行动日期定为 2022 年 4 月 28 日。如果获得批准，这将是第一个明确用于治疗 HCM 的药物，并为患者和医生提供新的希望。

### (七)更年期的非荷尔蒙替代品

虽然适当使用激素是有效和安全的，但激素疗法涉及一些风险，而且不是所有患者都适用。幸运的是，一组新的非激素药物，即 NK3R 拮抗剂，已经成为激素治疗的一个可行的替代品。这些药物破坏了大脑中与潮热发展有关的信号通路。

### (八)植入式治疗重度瘫痪

大约每 50 个美国人中就有一个，即 540 万人，患有某种形式的瘫痪。大多数患者的整体健康状况显著下降。最近，团队为这些患者提供了新的希望，他们利用植入式脑机接口技术恢复失去的运动控制，使患者能够控制数字设备。该技术利用植入的电极收集来自大脑的运动信号并将其解码为运动指令。它已被证明能够恢复因大脑、脊髓、周围神经或肌肉功能障碍而严重瘫痪的患者的自主运动冲动。虽然接口技术还处于起步阶段，但美国食品药品监督管理局已将这种植入式设备指定为"突破性设备"。

### （九）用于早期检测败血症的人工智能

败血症是对感染的一种严重的炎症反应，是全世界患者住院和死亡的主要原因。因为败血症休克的死亡率非常高，所以败血症的早期诊断很关键。人工智能（artificial intelligence，AI）已经作为一种新的工具浮出水面，可以帮助快速检测败血症。该工具使用人工智能算法，通过在医生输入信息时监测患者的电子医疗记录，实时检测几个关键的风险因素。标记出高风险患者有助于促进早期干预，这可以改善结果，降低医疗费用并且拯救生命。

### （十）预测性分析高血压

被称为"无声杀手"的高血压，通常没有任何症状，同时增加了严重影响健康问题的风险，包括心脏病、心力衰竭和中风。然而，许多成年人仍然不知道他们有高血压。利用机器学习（一种人工智能），医生能够更好地选择更有效的药物、药物组合和剂量来改善对高血压的控制。人工智能还将使医生能够预测心血管疾病，并使医生能够在疾病发生之前集中进行干预。

# 第二章

# 创新的心法和技法

二十大报告指出："深入实施科教兴国战略、人才强国战略、创新驱动发展战略，开辟发展新领域新赛道，不断塑造发展新动能新优势。"国家的发展离不开创新，创新是一个民族进步的灵魂，是国家文明发展的不竭动力，一个没有创新力的民族难以屹立于世界民族之林。创新的核心是应用而不是基础研发。创新分为两大类，第一类为基础研发，第二类为应用迭代。搞第一类创新的人，例如牛顿、爱因斯坦，他们不但天赋异禀，而且努力过人，此外还拥有难得一遇的好运气，常人很难达到这种高度。搞第二类创新的人，例如爱迪生、乔布斯，他们站在巨人的肩膀上，致力于将书本上的理论转化为日常生活中的应用，不断推陈出新，这些并非他们的专利，我们常人也可以。创新能力犹如武侠小说里面的武功，同学们需要不断体会其心法，修炼其技法，才能精进。本章讲授创新心法时，会讲解一些中外的哲学理论，编者尽量避免枯燥晦涩，以一种简洁明快的方式呈现给同学们。本章讲授创新技法时，会讲解创新的引导工具、方法规则。通过本章的学习，希望同学们可以打开创新思维，拓展想象力，引导同学们提出具有差异性、可行性、有价值的创意想法。

本章主要向同学们介绍创新的心法和技法。创新的心法主要为同学们讲解能够驱动创新能力的思想和意识。创新的技法主要为同学们讲解创新过程中的具体操作，其中包括感知需求的方法、发现问题的方法、描述问题的方法、设定目标的方法、分析问题(要素)的方法。

## 第一节　基础创新与应用创新

如果要评选基础科学创新最伟大的那些年代，那么有两个时期是一定会入选的：17 世纪末和 20 世纪初。前者以牛顿为代表，宣告了近代经典物理学的正式创立；而后者以爱因斯坦为代表，为我们带来了相对论和量子论。

1672 年，不满三十岁的牛顿已经取得了诸多成就。其中，最伟大的三项成就分别为微积分、万有引力、光学分析。在这些成就中，随便拿出一项都足以使牛顿名垂青史。他是近代科学的奠基人。

1927 年，第五届索尔维会议在比利时布鲁塞尔召开。会议结束后，与会代表合影留念，拍下了一张"全明星"阵容。这是一张足以影响全人类社会发展进程的照片，因为照片里的每一个人所取得的科学成就，都足以对人类的文明进化史产生深远的影响。这次合影，几乎会聚了当时全世界最聪明的大脑。他们是现代物理学基础知识的创造者，并在一定程度上决定了整个人类文明的发展走向。这里有相对论的创始人爱因斯坦、量子力学之父普朗克、经典电子论的创立者洛伦兹、发现镭和钋元素的居里夫人、量子力学的奠基人薛定谔、测不准原理的提出者海森堡、哥本哈根学派的创始人玻尔、物质波的提出者德布罗意。照片里 29 人中有 17 人获得过诺贝尔奖奖金。从此以后，整个世界上就再也没有举行过如此高规格的物理学巅峰盛会。本次大会的科学家虽然数量不多，但是，却涵盖了当时物理的所有学科，很多思想都在这场会议中碰撞出了激烈的火花。而本次会议也被称为"决战量子之巅"，大会的主角就是爱因斯坦和玻尔。

以牛顿和爱因斯坦为代表的这些科学家，他们做出了基础创新。在这个过程中，这些伟大的科学家需要天赋、努力和运气，三者缺一不可，我们一般人很难达到他们的成就和高度。

基础创新和应用创新是什么关系？基础创新是一个平台，搭好这个平台，应用创新才具备基础。基础创新是一扇门，打开这扇门，应用创新才有空间。基础创新是一对翅膀，挥动这对翅膀，应用创新才能起飞。今天，我们所有的应用创新，从电脑到激光，从核能到生物技术，都要依赖于量子论这种基础创新。

创新心法的第一条：创新的核心是应用而不是基础研发。

19 世纪末，爱迪生借助第二次科技革命的东风，利用大量生产原则和电气工程研究实验室研究出了超过 2000 项电气发明，而第二次科技革命的基础就是电磁波理论。20 世纪中后期，硅谷的兴起源于第五次科技革命，硅谷最杰出的代表乔布斯创办了苹果公司，而第五次科技革命的基础就是互联网理论。苹果公司基于移动互联网理论，开发出很多新的产品。例如，iPhone 涉及的很多基础研发并不是苹果公司完成的，苹果公司只是基础研发的使用者。

应用创新并不是爱迪生、乔布斯的专利。他们的成功基于他们更加懂得用户的需求，并且在利用最先进的科技支持方面做到了极致。他们的成就，我们普通人在一定程度上也可以达到，应用创新需要一套方法规则，通过创新心法和技法的培训，同学们的创新能力是可以得到提高的。

今天，科学家们正在通过不断探索，尝试解开下一次科技革命的密码，而这也是未来应用创新的基础和方向。

创新心法的第二条：密切关注基础创新，新的基础理论诞生新的应用。

# 第二节　感　知　需　求

当人饥饿的时候，唯一的需求就是食物；而当人衣食无忧的时候，会产生千变万化的需求。

互联网时代，需求的差异性正在驱动创新。在新的创新模式中，生产产品不只是生产者的事情，人们的消费意见也会参与进来。一个消费意见往往会在很大程度上创新产品和服务。

中国蕴藏着强大的创新动力，因为中国有庞大的消费群体，每天产生海量的消费数据。这些数据的背后则是大量的差异化需求。未来，在中国会诞生无数个满足人们差异化需求的新产品、新服务、新品牌。

创新心法的第三条：随时感知身边的需求。一个需求也许就是一个创新的爆发点。

当人们需要新功能的一刹那，人们很有可能已经上网搜索了这些功能。这种时候，我们往往可以从人们的生活中找到一些蛛丝马迹。今天，人们不仅仅是产品宣传的接受者，还是市场的推动者。所以，无论人们的意见是好是坏，都在揭示那些隐性、深层且长期的需求。更有甚者，有些公司不再只是依靠内部的创新源，还越来越多地使用社交媒体等各种信息服务。在应用创新领域，鼓励引导用户"开源"创新已经蔚然成风。

## 案例1　开源创新，让用户参与开发

InnoCentive 网站进行的是企业与企业之间的分享。公司可以针对他们碰到的研究难题发帖，让全球范围内的多学科虚拟专家团队来竞标解决这些问题。自2001年创立以来，已有来自近200个国家的30万名问题解决能手在该网站注册，公司已经在1.5万个成功的项目中给问题解决能手们发放了数百万美元的奖金。与聘请专家加入公司相比，使用此类交流方式的成本更加低廉，而且有更多更出色的构想可供选择。

非正式的机制同样也在激增。使用3D打印设备的消费者越来越多。在打印机制造商的论坛里，用户常会分享自己的设计，如在 MakerBot 公司的 Thingiverse 论坛里。最近，哈佛大学和伊利诺伊大学的一支由研究人员组成的虚拟队伍，成功地设计了一款3D打印的电池。这种电池约有一粒沙子大小，完全可以在3D打印的助听器里直接打印出来。

互动成本的降低意味着研究工作可以更多地由最适合或者最积极的人来进行。越来越多的人帮助完成产品设计，对新服务的开发进行完善和调整，其中又以早期用户为甚。

科技产品制造商贝尔金公司（Belkin corporation）长期以来一直让用户参与产品设计过程，他们采用的方法并不局限于焦点小组访谈和第二阶段公测。例如，在推出 WeMo 时，公司采用了一种充分利用大众力量的绝佳方式。WeMo 是一种非常简单的设备，用户可以自行编程，将该设备与数码相机、开关和传感器等连接在一起，建立一个"智能化的"家用网络，从而遥控或从外部通过数据来启动。

WeMo 产品开发人员并没有预先设定可能的事件和触发装置，而是为人们提供了一项免费的虚拟编程服务，名叫"IFTTT"（if this then that），也即让人们自行设计他们的 WeMo"指令"。例如，一种创新的使用方法就是每天从互联网上查询当天的日落和日出时间，然后使用该信息来自动打开或关闭与 WeMo 连通的灯。另一种是 WeMo 的运动传感器探测到猫在猫砂盆里大小便后，会自动给主人发送电子邮件提醒。

WeMo 的用户不仅可以决定这个设备能做什么，还能与其他 IFTTT 用户分享自己的指令。贝尔金公司根本没有打算控制整个流程。相反，产品经理们密切关注 IFTTT 电子公告栏，看看分享率最高的指令有哪些。之后，公司会通过 Tumblr 这类社交媒体服务来汇总和重点介绍最出色的想法。

## 一、需求

需求就是对想要的东西或要解决的问题有一个要求，用来描述解决问题或达到目的所需要的能力。如肚子饿了，想吃东西，这就是一个需求。

举例来说，一天傍晚，我们饥肠辘辘地抵达天津市中心。我们打算到天河城买些吃的，因为那里有许多饭店，其中包括一些知名的连锁店、传统的餐馆和熟食店。进入商场，有一家港式茶餐厅吸引了我们的注意。我们去尝尝正宗的粤式点心也不错，但它的味道如何呢？门口的菜单牌看上去不错，但是饭菜好不好吃，还是不了解。单纯从饭店的外部装潢和就餐者身上，无法看出这家餐馆究竟如何。我们需要来自本地的、可靠的且及时的信息告诉我们，是该选择一家完全不知名的餐馆去试一下我们想吃的东西，还是选择另一家虽然味道可能没那么可口，但风险要小一些的餐厅，如肯德基、必胜客。对于我们的这一需求，希望能有个系统来解决。

相信大家心中已经有了答案。我们没有使用那些方法，而是本能地拿出智能手机，打开了一个应用 App。某评是众多消费者评论网站中的一个，真实的消费者会自愿在这个 App 上对各种产品和服务进行评估，然后使用简单的五分制打分。手机内置了语音识别工具，我们只要说一句"天河城的某餐馆"，手机就会通过 GPS 卫星数据进行定位，然后精确地找到我们身后的这家餐馆。

在查阅最近人们的评论时，我们注意到一对年轻情侣走过来，看了看菜单牌后，也拿出了他们的智能手机。从举止来看，他们应该也不是本地人。过了一会儿，我们开始交流。他们是从山东来的游客，刚刚打开了另一家评论 App 某团来查看这家餐馆的评论情况。某团上面还有很多旅行目的地的情况，上面也有许多用户的评论。

我们对用户的评论做了对比，然后认定这个地方值得一试。因为几乎所有评论者都表示，这里的饭菜口味适中，而且上菜速度快、服务好。我们一开始对情况一无所知，但后来则完全可以预料到自己这顿饭会吃得怎么样。在吃完离开时，我们又看到了那对情侣，他们正在手机上对这家餐馆点赞。

某评和某团根据客户的实际需求，在互联网平台上，做出了创新应用。应用的功能和性能指标满足了客户的需求，需求构成了最终的产品。

在表现需求的初期，客户通常只会提出希望和问题，没有勾画出具体的形式和结构。亨利·福特曾经说过："如果在那个还没有汽车的年代，我去问我的客户，他们想要什么，他们的回答居然是更快的马。"有时，用户真的不知道自己想要什么。在这种情况下，创新者常常会陷入一个误区：认为用户说出想要什么东西，就要创造出什么东西来。有时候，用户想要的与他们的实际需求并不一致。其实，在用户需求和应用创新之间，创新者要善于破解用户的需求，找到需要帮助用户解决的问题实质，才能拿出正确合理的解决方案。

当然，在这一过程中，创新者也有可能被自己的认知所误导。例如，第二次世界大战期间，美国哥伦比亚大学统计学亚伯拉罕·沃德教授应美国海军的邀请，运用他在统计方面的专业知识给出关于"飞机应该如何加强防护，才能降低被炮火击落的概率"的建议。沃德教授查看了轰炸机遭受攻击后的相关数据，进行分析和研究后发现："机翼是整个飞机中最容易遭受攻击的位置，而发动机则是最少被攻击的位置。"

通常到这一步，问题是不是已经很清楚了呢？借助科学统计，是否能得出正确的结论呢？

美国海军指挥官认为"应该加强机翼的防护，因为这是最容易被击中的位置"。然而，提出数据分析的沃德教授却否决了这个提议，他认为，"我们恰恰应该加强发动机的防护"。他提出的依据是"首先一个大前提就是本次统计的样本，仅包含没有坠毁并安全返航的轰炸机。而所有能够安全返航的轰炸机中，它们的机身弹孔数量较多的区域，就是即使被击中，也大概率不会导致坠机的部位。发动机弹孔较少的原因并非真的不容易中弹，而是一旦中弹，其安全返航并生还的可能性就微乎其微。"

后来事实证明，沃德教授的建议完全正确。这就是著名的幸存者偏差理论。人们往往关注幸存者，而忽略牺牲者，因为没有察觉，最终得出了错误的结论。

创新心法的第四条：幸存者的话，总是会让人忽略牺牲者。

## 二、感知需求的方法

应用创新通过改善、创造新产品、新服务，进一步满足客户的需求，为客户的需求提供解决方案，产生用户价值和商业价值。所以，应用创新是围绕客户的需求展开的，应用创新的第一步就是感知需求。客户的需求包括方方面面的很多问题，事无巨细，需要创新者去感知。凡大事皆起于小事，小事不论，大事又将不可救。创新者要善于搭建与客户沟通的桥梁，获取客户的需求。万事开头难，创新者可以按照以下方法尝试去做。

**（一）勇于实践**

这个世界最远的距离不是从马里亚纳海沟到珠穆朗玛峰，而是知道和做到。同学们有志于学十数载，至三十而立，数年间最难的事应当是将所学理论转化为实践。起初，同学们在实践中不知道客户的需求，也不知道自己的需求。因为在此之前，同学们一直在学习书本上的理论，尚未融入实践。如果想成为一名创新者，一定要积极参加社会实践。

创新心法的第五条：少年不可怕丑，须有狂者进取之趣，过时不试为之，则后此弥不肯为矣。

**1. 积累经验**

同学们在校学习期间，可以广泛参加与专业相关的社会实践，了解所学专业的点点滴滴。合抱之木，生于毫末；九层之台，起于累土；千里之行，始于足下。从小事做起，融入专业实践，很多理论都是理想状态，假设世界没有摩擦力，而现实世界运行的主要问题就是要克服这些摩擦力。感受用户的需求，其实就是要找到这些摩擦力。只有通过循序渐进的实践，掌握熟悉整个系统，才能见微知著，感受到用户的需求本质。否则，即便用户的需求就在眼前，我们也看不到。

**2. 适应客户**

当客户使用某些应用时，往往会有自己的习惯，而这些习惯有可能直接指示用户需求的方向。所以，发现客户的行为习惯，是感受用户需求的捷径。在创新的过程中，我们要从客户的习惯中获得启发，一个好的创新应用，并不是改变人们的行为习惯，而是更好地适应人们的行为习惯。只要我们的新产品、新服务围绕人们的行为习惯、做法或动机来实现功能，就能满足人们的真正需要，并创造新的价值。

### 案例2 海尔洗衣机的产品创新

海尔在洗衣机的排水管处增加了一个泥沙过滤网，从而使自己的洗衣机在农村市场上销量大增。这个功能并不是经营者凭空设想的，而是源于大量消费者的售后反馈。当时，海尔的客服部门总能接到用户投诉，海尔洗衣机的排水管总是被堵。服务人员上门维修时才发现，很多农村地区的用户居然用洗衣机来洗地瓜、土豆，都是泥土，当然容易堵了！后来，厂家就给洗衣机加了一个简单的泥沙过滤网，这个问题就轻松解决了。

海尔因为发现了用户投诉的根本原因，进而把用户的投诉变成了实际需求，并借此机会顺势推出了一款新产品——能洗大地瓜的洗衣机。该产品一经推出就异常畅销，因为这款产品意外地满足了餐饮市场的一个需求：很多饭店买来洗衣机不是用来洗衣服，而是用来洗地瓜，甚至用来洗非常难洗的龙虾！海尔的大地瓜洗衣机意外地填补了一个市场空白。

### 3. 关注目标人群

互联网时代，由于消费层次、消费习惯、偏好的不同，人们有着各不相同的需求。要想获得认可，创新者首先要考虑选择什么样的目标人群，并将自己的创新方向精准定位于这个目标人群的立场上。实践证明，受资金、渠道、环境等方面的限制，任何一个品牌都不可能为所有人服务。所以，精确感知目标人群的需求很重要。如果，我们想针对特定的人群开发一个创新产品，我们就有必要投入大量的精力与时间关注目标人群，融入他们的生活。

### 案例3　麦当劳的市场细分

市场细分的实质就是针对不同的目标客户，感受他们的不同需求，创新推出差异性服务。麦当劳的巨大成功与其一直非常重视市场细分，是分不开的。麦当劳根据地理、人口和心理要素准确地感知客户需求，并分别推出新服务、新产品，从而实现企业的新价值。

（1）麦当劳根据地理要素细分市场。麦当劳有美国国内市场和国际市场，而不管是在国内还是在国外，都有各自不同的饮食习惯和文化背景。麦当劳进行地理细分，主要是分析各区域的差异，如美国东西部的人们喝咖啡的口味是不一样的。通过把市场细分为不同的地理单位进行经营活动，从而做到因地制宜。

（2）麦当劳根据人口要素细分市场。通常，人口细分市场主要根据年龄、性别、家庭人口、生命周期、收入、职业、教育、国籍等相关变量，把市场分割成若干整体。而麦当劳对人口要素细分主要是从年龄及生命周期阶段对人口市场进行细分。以孩子为中心，把孩子作为主要消费者的麦当劳餐厅，在餐厅用餐的小朋友经常会意外获得印有麦当劳标志的气球、折纸、玩具等小礼物。

（3）麦当劳根据心理要素细分市场。根据人们的生活方式划分，快餐业通常有两个潜在的细分市场：方便型和休闲型。在这两个方面，麦当劳都做得很好。针对方便型市场，麦当劳提出"59秒快速服务"，即从人们开始点餐到拿着食品离开柜台的标准时间为59秒，不得超过一分钟，如汽车穿梭餐厅。针对休闲型市场，麦当劳对餐厅店堂布置非常讲究，尽量做到让人们觉得舒适自由，吸引休闲型市场的消费群体。

不断细分市场的过程，其实就是麦当劳不断划分目标客户，并从各种目标客户身上获取最大价值的过程。而这一切，建立在麦当劳充分掌握了目标客户差异性需求的基础上。所以，感受、研究客户需求，是麦当劳模式成功的重要一步。麦当劳以科研的态度对目标客户采取定性、定量的分析。例如，根据年龄、性别、家庭人口、生命周期、收入、职业、教育、国籍等相关变量做调研，从社会学中借鉴来的定性研究方法去进行实地的、直观的、局部的、细节的考察。

### （二）注意观察

开展实践只是感知需求的第一步，在实践的过程中还要留心观察。实践中，有些信息并不是我们所关注的，所以我们可能会忽视，而这些信息恰恰能提示我们客户的需求所在。

**1. 不要忽视那些生活中司空见惯的现象**

生活中，有些现象我们司空见惯，不以为然。但是，在这些现象之下，却隐藏着需求。观察现有的用户和产品，总有不尽如人意之处。

### 案例4 方便面的产生

20世纪50年代，一位名叫安藤百福的日本人每天下班后都要乘坐电车回到他居住的池田市。在车站附近，安藤百福常见到许多人挤在饭馆前，等着吃热面条。起初，安藤百福对这种司空见惯的现象并不在意。但是，久而久之，安藤百福忽然从中悟出一个道理：既然面条这样受欢迎，我做面条生意不是很好吗？这显然是一个很值得挖掘的生意机会。因为吃热面条需要在饭馆前等候，费时费力，很不方便。而且吃挂面除了费时以外，还缺少调料，味道不理想。接着，他进一步琢磨：如果能做出一种只要用开水一冲就可以吃，而且本身带有味道的面条，一定会受到人们的欢迎。于是，他开始试制设想中的新型食品。经过三年的奋斗，安藤百福终于获得了成功。一包包的"鸡肉方便面"被人们从货架上取下来，又冒着香喷喷的热气出现在广大用户的餐桌上。仅仅八个月，方便面便销售出1300万包。安藤百福由此也从一家小公司的经理一跃成为拥有大量资产的富商。

方便面的出现，在食品行业掀起一股热潮，众多企业都争先恐后地投产方便面。有一天，一个情境又引起了他的兴趣，他发现公司的一名小职员很随易地把方便面捏碎放在玻璃杯里，冲上开水就吃。这给他一个启示：袋装方便面在吃法上存在障碍，要有碗或锅等容器才能吃，如果生产一种杯装方便面，用开水一冲就能吃，那该多么方便。安藤百福立即让他的公司研制杯装方便面。于是，大批的杯装、盒装方便面满足了产品急需更新换代的要求，成为众多青年人喜欢的食品。

观察不能只聚焦于现有用户和产品，在用户和产品之间总有某种内在的联系。这些联系可以指引我们找到需求。

**2. 留意人们言行的不一致**

在日常生活中，人际沟通之间总有一些言行不一致之处。例如，逛商场买衣服时，看了一眼标签，价位超出了我的心理价位。虽然，我很喜欢这件衣服，但是，由于太贵了，当售货员问我要不要试一下时，我还是以其他理由拒绝了。我不会承认这件衣服太贵了，我只会说，这件衣服的款式、颜色不适合我。类似的，在获得需求的过程中，人们总有一些言行不一致之处，来掩饰自己对需求的真实想法。如果，可以留意到人们的言行不一致之处，我们就有可能发现人们内心潜在的真实需求。

**3. 观察边缘因素，思考需求的可能性**

星巴克卖的是咖啡吗？星巴克的咖啡口感一般，如果星巴克靠卖咖啡，估计早就经营不下去了。星巴克究竟满足了人们什么需求呢？曾有这样一句很经典的话：我不在办公室，就在星巴克，我不在星巴克，就在去星巴克的路上。独特的选址眼光，是星巴克取得成功的重要原因。

## 案例5　星巴克的"第三生活空间"理论

星巴克的选址策略其实很简单，星巴克的定位就是"第三生活空间"。这是什么意思呢？就是家和办公室，中间还应该有一个地方可以让大家休息、畅谈，包括洽谈一些商务的环境，这就是星巴克进入市场的切入点。第三生活空间对我们来讲是什么呢？在星巴克没有开店以前，如果大家想谈一些事情会去哪里？是去麦当劳、肯德基，或是去一些中餐馆。如果在用餐的时间去没有问题，但是非用餐时间去哪里？这些确实是很让人困惑的事情，而星巴克就是针对这一点，给客人提供一个交谈的场所，这也决定了星巴克选址的一些理念。"星巴克给我的方便大于给我的味觉享受。"一位正在品尝咖啡的方女士这样说。"它总是出现在最繁华街道的最显眼的位置，于是当逛街逛到疲惫时，当双眼在电脑屏幕前感觉酸涩时，当朋友来了没有地方说话时，我会自然而然地想到星巴克。"

这正是星巴克想要为热爱星巴克的人群提供的服务。而支撑这份雄心的是一张明晰的选址图。星巴克选址首先考虑的是诸如商场、办公楼、高档住宅区一类会集人气、聚集人流的地方。此外，对星巴克的市场布局有帮助，或者有巨大发展潜力的地点，即使在开店初期的经营状况很不理想，星巴克也会把它纳入自己的版图。

星巴克对开店的选址一直采取发展的眼光及整体规划的考量。因为现在不成功并不等于将来不成功。星巴克全球最大的咖啡店是位于北京的丰联广场店，当初该店开业时，客源远远不能满足该店如此大规模的开销。经营前期一直承受着极大的经营压力。但是，星巴克相信，随着周边几幢高档写字楼的入住率不断提高，以及区政府对朝阳外大街的改造力度不断加大，丰联店一定会成为该地区的亮点，于是最终坚持下来。现在该店的销售额一直排名北京市场前列。

星巴克抓住了商场、办公楼、高档住宅区的边缘需求，为人们的购物、办公、生活之余提供了一个休息、洽谈、休闲的空间。同时，由于在都市的地铁沿线、闹市区、写字楼大堂、大商场或饭店的一隅，在人潮汹涌的地方，总是有一个墨绿色的神秘女子对你微笑，星巴克迅速演变为一个流行时尚的符号。正所谓"他山之石，可以攻玉"，主流行业的边缘，孕育着大量需求等待我们感知。

**4. 注意观察反常现象**

在现实生活中，我们要注意那些反常现象。在反常现象的背后必然有其原因。而这正是我们透过现象看本质，并深入挖掘需求的好机会。

### 案例6　弗莱明与青霉素

在 20 世纪初，葡萄球菌每年可以夺走成千上万人的生命。一天，英国医生弗莱明进行实验分析时，发现了一个现象：由于实验过程中需要多次开启器皿，以致培养物受到污染。在一个葡萄球菌的培养皿中，有一种绿色的霉菌在繁殖生长，在它们的周围所培养的葡萄球菌全部消失了。在细菌研究过程中，这种情况并不稀奇，算是一种操作事故。但是，产生出来的绿色霉菌引起了弗莱明的注意，弗莱明想：这种绿色的霉菌会不会对葡萄球菌有抑制作用？于是，他把这种绿色的霉菌提取出来，继续深入研究。经过试验，这种霉菌对葡萄球菌具有极强的杀伤作用。1929 年，弗莱明向社会公布了他的研究成果，青霉素由此诞生，青霉素为无数的伤病患者解除了痛苦。弗莱明也由此获得了 1945 年的诺贝尔医学奖。

### （三）积极倾听

感知需求最直接的办法就是调研。但是，调研是一门艺术。不同的人进行调研，获得的信息也不同，这主要取决于我们是否能够积极倾听人们的诉求。

（1）进行访谈调研时，不能照本宣科。事前我们应该设计好提纲，按提纲进行访谈。整个访谈过程，由被访谈者引导对话，谈自己认为重要的事情。我们只是一个倾听者，不能干扰访谈的节奏。事前准备的问题，我们不能按部就班地提问，要根据访谈的实际情况加以调整，最好让被访谈者指引我们去交流。这样，可以促使受访谈者发挥优势，谈论他们认为重要的问题，让我们快速获得观点。

（2）在实地考察前不预设条件，以免先入为主，将自己的观点强加于人，这样就很难挖掘出他人真实的需求。

（3）无论是问卷调研还是访谈调研，我们应该设置一些开放性的问题。在调研过程中，让每个人都能充分表达自己的想法，针对调研的反馈，我们随时调整或重建问题，探索设计多样化的调研方案，倾听人们的需求。

### （四）换位思考

感知需求最有效的做法就是，站在用户的角度去思考，把自己变成一个用户。

（1）在心理学中，换位思考又被称为共情。共情是一项综合能力，包括观察力、洞察力、感受力，是基于认知的同理心，基本涵盖了我们前面所提到的所有能力，站在对方的角度考虑问题，知道他们的思路、感觉、行为意向。这项能力将有助于我们识别人们的需求。

（2）如何提高共情能力？在共情能力的培养方面，医学专业具备先天的优势。医学院通过加强人文教育来提升医学生的共情能力。具体到教学实施环节，教师会组织同学们开展一些活动，如角色扮演、心理情景剧、心理游戏、拓展训练等，引导学生倾听和体会他人内心，与他人交流和分享体会。通过提升共情能力，我们可以有效地提高自身处理人际关系的能力。

（3）当我们可以与用户建立起直接而深刻的情感联系后，感知用户的需求就会变成一件轻松的事情。通过简单的聊天，我们就能意识到用户需要的东西，从而设计出用户需要的新产品和新服务。

## 三、感知需求的案例

例如，我们身边的案例——纸质书

经过观察发现，生活中经常读纸质书的人会遇到一些不方便。第一，买书要到书店预览。第二，书很沉，携带不方便。第三，书看完了，放在家里储存占地方。第四，一本书不便宜，买多了开销还是很高的。第五，查资料还是去图书馆方便，家里的存书量较少。

现在，通过感知需求的方法，我们发现了客户的这些需求。下面，我们进行需求分析（表2-1）：

客户的需求是什么？客户需要一种新型的书——电子书阅读器，如亚马逊的Kindle。

为何有这种需求？想要达到什么特定目标？让读书变得更加便捷。

这个需求能带来什么好处？解决纸质书在阅读过程中带来的很多问题。

表2-1 需求分析

| 问题 | 具体内容 |
| --- | --- |
| 什么需求？ | 新型的书 |
| 为何会有这种需求（功能或性能） | 让读书更便捷 |
| 这个需求能够带来什么好处？ | 解决纸质书存在的一些问题 |

如果同学们在生活中一直对需求保持一颗纯粹的好奇心，并不断地探索更好的解决方案，你会发现：你的人生每一天都会不一样，没有人喜欢一成不变的人生，

你不仅在改变别人的生活，更是丰富自己的人生。

创新心法的第六条：苟日新，日日新，又日新。

# 第三节 发 现 问 题

爱因斯坦曾说："提出一个问题往往比解决一个问题更为重要，因为解决一个问题也许只是一个数学上或实验上的技巧问题。而提出新的问题、新的可能性，从新的角度看旧问题，却需要创造性的想象力，而且标志着科学的真正进步。"

创新也是科学。感知需求只是第一步。我们发现一个现象，而第二步发现问题，就是透过现象剖析本质的重要一环。是否能提出一个好问题，对我们后面的创新起到了决定性作用，直接反映了我们对一件事物的认知程度。我们希望通过发现问题，来找到开发新产品或新服务的突破口。有时，我们会被自身的认知水平束缚，无法发现问题，没有问题不是一切顺利，反而可能是最大的问题。我们身边每天都在发生很多的事情，怎么可能没有问题呢？希望我们都能大胆地提问，并且可以勇敢地去面对问题。

## 一、什么是问题

问题就是现状与目标之间的差距。

现状是客户有需求，目标是满足客户的需求，在现状与目标之间，有若干个问题需要我们解决。随着时间的流逝，客户在原有目标的基础上又产生了新的需求，我们又将进入下一轮创新，重新感知需求，发现问题。我们要善于抓住目标、现状、差距这三个方面进行分析。

## 二、为什么提不出问题

虽然，在现状和目标之间，我们知道一定存在问题。但是，我们却提不出关键问题。也许有以下四种原因。

### （一）无法认清现状

如果我们想针对一个事物发现问题，首先要认清这个事物的现状。国家在制定"十四五"规划和二〇三五年远景目标之前，首先要对"十三五"期间国家达到的发展水平做一个客观、具体、详细的总结。基于这个总结，提出"十四五"要解决的问题。创新一个产品和服务之前，我们首先要熟悉这个产品和服务在应用领域的各方面情况。想要做到这一点，就要通过调研收集数据，并对大量数据进行研究分析，才能对产品和服务的改进与创新提出问题。

如果，我们对一个事物的现状认识、分析不足，是不可能提出什么好问题的。

其实，个人发展也贵在认清自己的现状。人贵有自知之明，只有认清自己，才能针对自己的发展之路提出问题，自强不息。有时，当我们进行自我反省时，却提不出问题，说明我们还不是很了解自己。

创新心法的第七条：知人者智，自知者明。

我们如何才能充分了解自己？我们要积极参加社会实践，体验生活，融入社会，要与他人多交流、多沟通。读万卷书，不如行万里路；行万里路，不如阅人无数；阅人无数，不如高于他人之路。在人生中总有一些贵人，在关键时刻帮助我们认清自己。

### （二）无法想象目标

我们为什么要读书？为了看到自己的渺小和无知。每个人都有潜力，但不是每个人都能找到自己的目标。如果有目标，人一定不迷茫。

有的人把目标设定为发财。发财是什么？我们满足人们的需求，就是为别人提供价值。同时，我们实现自身的价值。在这一过程中，发财只是我们实现自身价值的副产品。如果我们为了发财而能发财，这个逻辑就如同我们拉着自己的头发，能够将自己从地面上拉起来一样玄幻。

我们是否认真思考过自己未来的目标呢？如果我们想象不出来自己未来的目标，可以认真读一读"二十大"报告中，对我国"十四五"规划和二〇三五年远景目标的描述，然后想一想，自己可以做些什么。将个人的未来与国家的复兴联系在一起，我们才有目标，有发展。很多成功人士如何制订目标呢？他们会从各种渠道了解、分析国家的大政方针，然后再制订自己的奋斗目标，顺势而为。

创新心法的第八条：人生境遇无常，须自谋一种生存本领；人生光阴易逝，要早定一个成器日期。

### （三）无法厘清差距

现状是一条线，目标是一条线，两条线之间就是差距。如果清楚现状和目标，就一定能够厘清差距。而现实状况中，有的人认不清现状，做事情就容易眼高手低，不得要领；有的人认不清目标，做事情就容易跑偏，走弯路；有的人既认不清现状，又认不清目标，就会迷茫。这些情况最终都导致我们无法厘清差距，进而无法准确定位问题。

第一代苹果手机是一件划时代的产品，定义了未来的智能手机。然而，在其发行前，市场的主流手机还是诺基亚、黑莓这些按键式手机，即便有触屏手机，用的也是电阻屏，而苹果手机研发的目标是要做出第一部全触屏手机，而且手机的操作系统里要有各种方便的App。通过比较，厘清差距，就能发现问题：第一，触摸屏用什么屏可以使操作流畅；第二，设计什么样的App可以让用户更方便；第三，苹果如何拿到这些App的专利等。

### （四）无法坚持改进

互联网时代，创新都是以一种快速迭代，小步快跑的形式在坚持进行。还是以手机市场为例。自从 2007 年，苹果第一代手机问世，颠覆了整个手机市场，第一代苹果手机的设计已经非常完美了。但是，苹果每年还要推出新款手机。在实际工作中，我们提出一个不错的解决方案，感觉已经很好了，没有改进空间了，提不出问题了，所以也不去想是否有新的可能。事实上，科技每天都在进步，问题每天都在变化，如果我们不能坚持每天发现问题，那么，创新就会失去动力，等待的结果只有被彻底颠覆。

## 三、唤醒你的问题意识

问题意识是镌刻在人类基因里的一种意识。人类由原始社会进化到今天，与问题意识是强相关的。人类在婴孩时期，就对各种问题具有原始的好奇心，并尝试通过自己的方式去解决问题。问题意识驱动了人类最初的学习形式。

问题意识需要培养吗？其实，问题意识本身就在我们的大脑里，随着周围环境的变化，问题意识开始萌发。我们因为对现状不满，而捕捉到各种各样的问题。于是，我们开始思考如何能做得更好，寻求新的可能性，这些可能性不断地提高我们做出正确预测的能力及行动力。整个过程使我们自己在进步，使事物在发展。

天行健，君子当自强不息。我们应当在学习和工作中养成多听、多看、多体验的习惯，以此来强化我们的问题意识。我们不应该"躺平"或"佛系"，来淡化我们的问题意识。当我们能够发现问题时，就已经敲响了创新的大门。发现新的问题是整个创新实践的起点。

发现新问题有时并不是"能力"问题，而是"态度"问题。每一天，我们都要与许多问题擦肩而过。有些问题，我们意识到了。有些问题，我们忽略了。虽然，我们有时能够意识到一些问题，但是，一直在思考的问题又有多少呢？从明天起，努力对身边的问题和麻烦感兴趣，积极思考这些问题和麻烦，尝试解决这些问题和麻烦吧！假以时日，我们会发现自己的思维模式在潜移默化之间已经发生了改变，自己越来越像一名创新者了。

## 四、问题意识的案例

除了视觉，其他感觉能不能感知书？能不能用听觉感知书？能不能用味觉感知书？能不能用嗅觉感知书？能不能用触觉感知书（表 2 - 2）？

当思考这些问题的时候，我们已经在敲击创新的大门。通过发现一个问题去寻找新的可能性。

我们通常用视觉感知书。古代，书的材质是竹简、丝绸、布、动物的皮；现代，书的材质是纸、液晶屏；未来，书的材质会发展成什么？这种顺着一个问题，逐层深入式的思维模式是纵向思维。

能不能用听觉感知书？可以的。过去，识字的人少，老百姓如果想了解书上的故事，就要听说书先生讲评书。现在，虽然我们都识字，但是，有时我们不方便用眼睛看书，但是又想读书。根据这个需求，有人就开发出来了听书的 App，如喜马拉雅 App。在平行的方向上，我们换了一个问题思考，这种思维模式是横向思维。

能不能用嗅觉感知书？古人用墨著书，谁家藏书多，谁家的书房必然墨香四溢。于是古人创造了"书香"这个词。例如，书香门第、书香世家。

能不能用味觉感知书？现实生活中，恐怕没有人用嘴巴去尝书。但是，有人曾用这个问题创造出漫画里的一个故事情节。漫画《机器猫》中，有一集叫记忆面包，故事是这样的：大雄明天就要考试了，但是，他什么也不会。于是，机器猫从口袋里拿出来记忆面包，让大雄用记忆面包将课本上的知识拓印下来，然后吃了这些面包，大雄就记住了书里面的内容。

能不能用触觉感知书？顺着这个问题，有人发明了盲文。

表2-2　唤醒问题意识

| 编号 | 问题 | 创新 |
| --- | --- | --- |
| 1 | 能不能用听觉感知书 | 评书、喜马拉雅 |
| 2 | 能不能用味觉感知书 | 记忆面包 |
| 3 | 能不能用嗅觉感知书 | 书香 |
| 4 | 能不能用触觉感知书 | 盲文 |

横向思维又称水平思维，拓展思考的宽度；纵向思维又称垂直思维，加深思考的深度。例如打井，横向思维是选择不同的地方打井，而纵向思维是在一个地方不停地往深处钻。我们在发现问题的时候，要兼顾横向思维和纵向思维，才能创新。

我们每个人都有"问题意识"，只是有的人疏于思考，而有的人勤于思考，善于思考。于是，两者的人生就不一样了。

创新心法的第九条：精力愈用则愈出，智慧愈苦则愈明。

# 第四节　发现问题的方法

创新能力犹如武侠小说里面的绝世武功，既有心法口诀，又有招式技法。

本章前半部分，给同学们分享了一些创新心法，希望同学们能够用心去体会。本章后半部分，会侧重讲解创新的技法。这些具体的方法行之有效，希望同学们学以致用，加强实践。

这一节，向同学们介绍发现问题的方法。发现问题的方法有很多，这里选择了三种方法来发现问题，分别是缺点列举法、希望点列举法、属性列举法。

## 一、缺点列举法

### （一）概述

发现问题可以从已有事物的现状开始分析，抓住与目标之间的差距，发现已有事物的缺点，然后将其一一列举，再经过分析选择，找到创新的突破口。

### （二）特点

虽然，这种方法通俗易懂，但是，实践中并不容易。首先，尽管世间万物都有缺点，但并非每个人都能看到、想到这些缺点。人们心理上有一种惰性，对于一些司空见惯的东西，往往会认为历来如此，不愿意去思考。其次，事物是具有两面性的，我们接受一件事物的优点，就要接受它的缺点。例如，纸质书与电子书之间，电子书确实可以克服纸质书的很多缺点。然而，很多人还是会选择纸质书。因为在阅读过程中，电子书的显示屏会使读者的眼睛更容易疲劳，给读者带来一些不好的阅读体验。所以，读者为了获得好的阅读体验和眼睛的健康，能够接受纸质书的缺点。中国的传统文化博大精深，很早就发现"事物的两面性是共存共生的"，并且进一步揭示"在不同的时间和空间轴上，事物的两面性是可以相互转换的"这一规律，如塞翁失马。随着科技的进步，时间轴的推移，电子书一定可以攻克模拟纸质书可读性的显示屏技术，主流化。例如，第一代 Kindle 显示屏使用了电子墨水技术，该技术使用与人类毛发粗细相当的微胶囊，只要借助简单的磁荷就能在黑白两色之间变换。电子墨水技术最初是麻省理工学院的一个研究项目。与传统的 LCD 技术相比，这种技术可以让电子书的观感更加接近纸质书，对人们眼睛的刺激更小，同时，显示屏的耗电量也更低。

缺点列举法的运用基础是发现事物的缺点。它的特点是把问题分成若干层次，逐层分析现状，列举缺点。并在时间和空间两个维度，充分挖掘事物的改进可能。宇宙的时间和空间是无限的，缺点列举法的实践也是不断循环的。

### （三）应用流程

（1）确定需要改变的事物。
（2）在纸上列举已确定事物的缺点。
（3）为每个列举项编号。
（4）挑选出主要缺点作为切入点。
（5）对切入点加以改进。

### （四）案例

列出纸质书的缺点如下：①沉，携带不方便。②贵，一本纸质书出版后，成本高。③储存占用空间大。④选阅,要去图书馆、书店进行,时间和空间局限性大。

可能还有其他缺点,都可以把它一一列举出来,从中找到一个切入点,想办法解决它。

## 二、希望点列举法

### (一)概述

希望点列举法是从目标入手,基于现状考虑希望点,不断地提出理想和愿望,通过这种方式,在现状和目标之间找到新的差距,准确地发现问题,寻求解决问题和改进对策的方法。

### (二)特点

希望点列举法是基于现状,抓住希望和理想的焦点,发现其中的落差,提出各种创造性设想。希望点列举法更容易摆脱惯性思维的束缚,与缺点列举法相对,属于主动式思考方法。

### (三)应用流程

(1)希望点列举法可以与头脑风暴配合使用。

(2)召开会议,由5~10人参加。

(3)选择一件需要创新的事情或事物作为主题。

(4)主持人发动与会者围绕这个主题列举出各种改革的希望点。

(5)与会者在纸片上列举出自己的希望点,并对每一项希望点编号。

(6)与会者传阅各自的纸片,产生连锁反应,补充希望点。

(7)会议进行1~2小时,产生若干希望点,即可结束。

(8)会后对提出的所有希望点进行整理。

(9)选出具有创新性、科学性、可行性的希望点进行具体研究。

### (四)案例

**1. 对纸质书提出的希望点如下**

(1)携带方便。

(2)储存节省空间。

(3)预览、阅览方便。

(4)可供选择的书籍资源更多,搜索主题更加智能。

以上这些希望点,用电子书阅览器可以实现。无论我们使用什么方法满足希望点,都要建立在体验的基础之上。虽然,电子书阅览器有其方便的一面,但是,它也会给我们带来一些不好的体验。于是,我们又可以提出一系列的希望点。

**2. 对电子书阅览器提出的希望点如下**

（1）电池续航时间更长。

（2）内存空间更大。

（3）数据资源更多。

（4）显示屏对眼睛的刺激更小。

（5）阅读体验要与纸质书接近。

（6）更符合常人的阅读习惯。

经过如此循环的改进，可以无限地满足我们对阅读方便性、舒适性的要求。

## 三、属性列举法

### （一）概述

属性列举法强调使用者在创新的过程中观察和分析事物的属性，针对各种属性提出改良或改变的构想。提出属性列举法是基于两个方面思考：第一，问题可以分解，问题越细化，越容易得到解决。第二，各种事物都有其特性与属性，我们只要抓住它，就能够找到创新的切入点。

属性列举法首先要对创新对象进行属性分析，从整体到局部，从材料到工艺，从性能到状态，从功能到应用，将其一一列举，分析优点和缺点。针对存在的问题，探讨创新的办法，形成创新的思路。

### （二）特点

属性列举法的特点是，在掌握事物属性的基础上，对属性进行创新，进而达到对事物进行创新的目的。例如，我们对书的属性进行分析，文字是书的内容，竹简、绸布、毛皮、纸和显示屏都是制作书的材料，是文字的载体。制作书的材料还能不能继续创新？随着科技的进步，如果可以提高阅读的方便性和舒适性，我们可以继续对载体进行创新。

### （三）应用流程

（1）选择一个创新目标明确的事物。

（2）对事物进行分析，列出其属性。

（3）发现问题。可以针对属性借用缺点列举法和希望点列举法。

一般来说，事物的属性包括三个部分：第一部分，名词属性，包括整体、部分、材料、工艺；第二部分，形容词属性，包括性质、状态；第三部分，动词属性，包括作用、功能、运行和操作。

### （四）案例

我们对书进行创新，首选对书的属性进行分析：书的名词属性，制作书的材料是纸，制作书的工艺是装订；书的形容词属性，书的材质比较厚，重量沉，形状一般为长方形；书的动词属性，书的作用是承载文字信息，书的操作是翻页。通过分析纸质书的这些属性，找到相关的词汇，列举纸质书的缺点。针对纸质书各种属性的缺点，进行置换改进，最终提出一个对书进行创新的方案（表2-3）。

表2-3 纸质书的属性列举

| 流程 | 具体内容 | | | | |
|---|---|---|---|---|---|
| 事物名称 | 纸质书 | | | | |
| 列举属性 | 名词属性 | | 形容词属性 | | 动词属性 |
| | 材料 | 工艺 | 材质 | 重量 | 操作 |
| | 纸 | 装订 | 厚 | 沉 | 翻页 |
| 提出问题 | 针对纸质书的材料、工艺、材质、重量、操作进行置换 | | | | |

# 第五节　描　述　问　题

## 一、描述问题的重要性

发现问题后，我们要去描述问题。首先，因为我们每个人都有主观意识，所以想客观、清楚、准确地描述问题并不容易。其次，对一个问题的描述直接反映了我们对这个事物的认知、掌握程度。所以，在描述问题前，我们要全面客观地掌握、熟悉这个事物。只有清楚地描述问题，我们才能知道问题的现状，以及它与目标之间的差距，进而找到解决问题的关键点。

## 二、描述问题的原则

在生活和工作中，我们要想准确地描述问题，有三条原则：精准、清晰、简洁。2008年1月15日，在MacBook Air发布会上，如何来描述问题，乔布斯给我们上了生动的一课。

### 案例6　MacBook Air 发布会

乔布斯："这东西似乎轻盈得能飘起来。是什么呢？如你所知，苹果公司生产了世界上最好的笔记本电脑，MacBook和MacBook Pro。它们都是业界推出竞争产品的评判标杆。今天，我们将介绍第三种笔记本电脑，它的名字叫作MacBook Air。MacBook Air到底是什么呢？一言以蔽之，它是世界上最薄的笔记本。这是什么意思呢？我们找出了市场上所有的超薄笔记本。大多数人都认为，索尼 TZ 系列是很棒的笔记本，非常薄。事实证明，我们的笔记本最厚的地方比 TZ 系列最薄的地方还要薄。那么，MacBook Air 有多薄呢？"

说完，乔布斯转身走向侧面的讲台，打开了事先放在桌面上的一个信封。然后他像打开一个文件一样随意地解开了信封的绳子，银色发亮的苹果 MacBook Air 从皱皱巴巴的信封里一点点地滑出来。美得让人不由自主地担心他会一不小心把电脑滑到地上。那个瞬间，信封和电脑的强烈对比，如同蝴蝶破茧而出。

乔布斯："这就是 MacBook Air。"

### （一）精准

在描述问题的时候，首先定位要精准，我们要说明一个什么问题。我们在写材料时，能不能给读者一个直观、精确的说明？精准的反面是模糊，如果在描述问题时含糊不清，就会误导读者。为了能够达到精准的效果，使用数字比使用文字更加直观。案例中，乔布斯要说明的问题定位非常精准，就一个字"薄"。"薄"的背后代表 MacBook Air 外表美观、使用方便、科技含量高。用一个"薄"，乔布斯把想要描述的问题都说了。

### （二）清晰

清晰就是要给人一个清楚的印象。描述问题时，我们要将问题的关键要素完整、清晰、全面地呈现出来，让他人注意到这些关键要素，并且在脑海中对这些关键要素形成一个清晰的概念。过一段时间，当人们想起这些要素时，依然记忆犹新。案例中，乔布斯先是拿索尼 TZ 系列做对比，强调 MacBook Air 最厚的地方比 TZ 系列最薄的地方还要薄，在人们的脑海中植入了一个清晰的概念。然后，从信封中倒出了 MacBook Air，给了人们一个巨大的视觉冲击。这种强化效果，让人过目难忘。

### （三）简洁

描述一个问题时，我们最少能用几句话将问题说清楚呢？我们可以选择用图像、数据、动作等表现形式来代替语言，最终达到简明扼要的目的。案例中，乔布斯的展示用时 4 分钟，其高潮在最后几十秒。展示 MacBook Air 的"薄"，乔布斯只需要将它装入一个信封，然后当着大家的面将它倒出来，简约而不简单，一切尽在不言之中。

## 三、描述问题的方法

描述问题的具体方法有 5W2H 法。由第二次世界大战中美国陆军兵器修理部首创。发明者用五个以 W 开头的英语单词和两个以 H 开头的英语单词来描述问题，发现解决问题的线索，寻找创新思路，进行设计构思。因其简单、方便，易于理解、使用，富有启发意义，被广泛用于创新活动。其中，"5W"是指"What、Why、Who、When、Where"，"2H"是指"How、How much"。

### (一)发生了什么(What)

首先关注的是什么(What)，发生了什么？在这一阶段，要准确、简短地说明发生了什么事情。其中包括以下几个方面，问题是什么？条件是什么？目的是什么？重点是什么？与什么有关系？功能是什么？规范是什么？

### (二)为什么、原因(Why)

问题发生的原因，在描述问题时，可以先不讨论原因。寻找问题产生原因的方法，将在后面详细介绍。对原因的思考是必要的。

### (三)谁发生了问题(Who)

初步了解问题发生的原因后，我们要思考：谁发生了问题？问题涉及谁？谁产生的问题？谁引起的问题？我们应该抓住问题的主体，锁定目标，明确工作对象是谁。

### (四)什么时间发生的(When)

时间是我们描述问题的重要维度，顺着时间轴，我们可以梳理问题发生前后的逻辑关系，从发生时间来分析发生了什么事情。什么时候这个问题能够得到解决？这个问题能够持续多久？时间不同，对问题的描述也会发生变化。

### (五)发生在哪里(Where)

空间是我们描述问题的另一个重要维度。我们可以将一个问题分解成若干小问题，缩小问题的范围，化繁为简，化难为易，找到影响问题发生的要素和痛点。我们限定问题的范围越小，将来解决问题就越容易。

### (六)结果如何，情况怎么样(How)

评估问题发生后，造成的结果如何？情况怎么样？影响的程度如何？以前是否遇到过类似问题？如果遇到过，是如何处理的？如果没有遇到过，该如何处理？如何不让问题产生？这是解决问题的一个关键思考点。

### (七)数据是多少(How Much)

所有的思考点都需要有具体数据支撑。数据能够精准地揭示问题，数据能够直观地说明问题。现状与目标之间的差距，用数据来说明，大家可以更容易理解。数据更便于后面分析问题。

## 四、描述问题的操作流程

（1）发生了什么问题？

（2）为什么会发生这样的问题？

（3）问题是谁引起的？问题影响了谁？

（4）何时发生问题？

（5）问题可以分解成多少个要素？

（6）问题的影响怎么样？如何处理？如何避免？有哪些限制（约束）条件？

（7）收集详细数据，明确现状与目标之间的具体差距。

## 五、描述问题的案例

描述问题的案例见表 2 - 4。

表 2 - 4 问题描述

| 问题 | 描述内容 |
| --- | --- |
| 发生了什么问题（What） | 学生书包沉 |
| 为什么会发生这样的问题（Why） | 学业压力大，课本资料多 |
| 问题影响了谁（Who） | 学生、青少年的脊椎 |
| 何时发生问题（When） | 上学期间 |
| 问题可以分解成几个点（Where） | 书包的属性、书的属性、电子书的属性 |
| 问题的影响怎么样、如何处理、如何避免、有哪些限制（约束）条件（How） | 改良书包、使用电子书代替课本<br>限制条件：不能影响孩子学习，不能影响孩子的视力 |
| 详细收集数据（How Much） | 调研学生对书包、课本的期望，收集数据 |

我们需要掌握描述问题的方法，通过运用这些成熟的方法，将问题的各个要素都描述清楚。描述问题应该注意两点：

第一，面对问题，要搞清楚客观的现状和事实，以此为基础展开思考。

第二，面对问题，能够对其进行不重叠、不遗漏的分解，把复杂问题拆分成简单问题，各个击破。

# 第六节 设定目标

## 一、设定什么目标

从需求到问题，我们一步一步地接近目标。需求、不满和好奇这些心理状态都是创新的起源。无论"为了满足某种需求",或是"对现状的不满",还是"好奇心的表达",我们实际上都在寻找、设定一个目标。在前文中提到:问题是如何产生的?针对事物的现状与目标(理想状态)进行分析,找到二者之间的差距,这就是存在的问题。设定的目标不同,面对的问题也不同,创新的水平和高度也会有所差异。

我们应该设定什么目标呢?也许,开始时我们只是想简单地解决眼前的需求就可以了。但是,随着不断深入探究一个事物,我们对这个事物的理想状态会高于我们最初的设想。我们会设定一个新目标,一个更具有挑战性和想象力的目标。

### 案例7　iPod 的异军突起

2000 年,个人音乐播放设备的主流还是随身听和 CD 播放器,便携式数字设备只是替代性产品而已,它不但重量沉,电池待机时间短,而且传送音乐文件的速度慢,使用很不方便。

同年,由于 iTunes 商店的成功,苹果公司已经在音乐行业内拥有了相当大的优势。公司已经可以使用大量的数字音乐、全球最好的软件设计师,以及高速文件传送技术 FireWire。万事俱备,只欠东风,一个划时代的音乐播放器。

乔布斯对于 iPod 的设想极富有想象力,iPod 一定要灵巧、精致、美观且功能强大,其外观与性能远远超过同期各类产品。所以,iPod 在电池、显示屏、硬盘等硬件技术方面要大幅创新。

乔恩是苹果众多优秀产品的首席工程师。他在东京出差时,偶然间发现了日本东芝公司刚刚开发出来的 1.8 英寸的硬盘。这种硬盘比市场上所有的硬盘都要小得多。但此时东芝公司的高层没有针对这项新发明拟订特别的计划,不知道要拿它干什么。于是,乔恩马上向乔布斯汇报了此事,乔布斯说:"那我们就放手干吧!"于是,乔恩将东芝的 1.8 英寸硬盘用到了 iPod 上面。

iPod 在 2001 年面市,一举获得成功,成了从发烧友买家到各个年龄层的普通消费者心中的经典。同时,以 iPod 为代表的数字音乐播放器彻底淘汰了 CD 机和随身听,开启了 MP3 时代。

回顾苹果的经典产品,每一件都是划时代的。我们从中可以发现设定目标的意义。在 iPhone 诞生之前,手机市场的主流产品还是以诺基亚为代表的按键手机,还有以黑莓为代表的全键盘手机。iPhone 直接定位触屏手机,并将科技点满。这一切取决于苹果设定的目标,乔布斯是一位理想主义者,习惯了登高望远。他的目标不满足于改进现状,而是要颠覆现状;他的目标不是简单地满足客户需求,而是创造客户的需求;他的目标从不是适应客户的习惯,而是改变客户的习惯。

## 二、如何设定目标

关于设定目标,西方有这样的观点:"为了提高挑战性,设定目标越远越好,远到你觉得没有足够的能力去实现；为了达到该目标，设定目标越短越好，短到你觉得有足够的能力做到。"西方的思想注重行动效率，先构想理想目标，然后规划执行步骤。

中国的传统智慧有这样的观点："人若有气魄，方做得事成。英雄者，胸怀大志，腹有良谋，有包藏宇宙之机，吞吐天地之志者也。绳锯木断，水滴石穿。"东方的思想注重修心立志，先讲理想、再讲气度、三讲坚持。

设定目标时，我们应该将东西方思想内化于心，外化于行。在读书时，我们应该树立远大的理想，人只有拥有理想，才能设定目标。设定目标的目的就是制订一个解决问题的规划。从理想、功能和问题三个方面考虑目标，分别制订理想目标、功能目标和基本目标。

## 三、设定目标的方法

### 1. 设定理想目标

我们应该如何为自己制订一个长期宏观的目标？"天下兴亡，匹夫有责"。中国人自古以来就有家国情怀，我们应该将自己的理想与国家的发展联系在一起，顺势而为。作为医学生，未来我们都将会投身健康中国的建设。"二十大"报告中指出："实施积极应对人口老龄化国家战略，发展养老事业和养老产业，优化孤寡老人服务，推动实现全体老年人享有基本养老服务。深化医药卫生体制改革，促进医保、医疗、医药协同发展和治理。促进优质医疗资源扩容和区域均衡布局，坚持预防为主，加强重大慢性病健康管理，提高基层防病治病和健康管理能力。"根据国家的大目标，我们可以设定自己的理想目标。实现理想目标，不仅需要理想和想象力，更需要不断坚持输出努力。

### 2. 设定功能目标

功能目标是现状和理想之间的中间目标，以实现某种具体的功能为目标。例如，推进健康中国建设，首先需要大量身体数据监测设备。这些设备可以随时监测人们的活动、睡眠、心率、体温、血压和体重数据，有的公司甚至已经将传感器嵌入耳机的耳塞，收集人们跑步或进行其他锻炼时的身体数据，而且无须向自己的包里塞进其他设备。这些健康数据将有效地降低患者在医疗机构的诊疗成本。此外，大健康产业对远程交互系统也有很大需求，护理人员可以通过摄像机和麦克风远程协助家人对老人和身患残疾的患者进行监护及健康指导。以上所说的这些设备通过实现某种功能解决问题，可视为功能目标。

### 3. 设定基本目标

为了实现功能目标，我们可以将功能目标分解成为一个个具体的问题，然后对这些问题进行解决，每一个问题就是一个基本目标。为了能实现上面的健康监测设备及远程交互设备的功能，我们需要对标准部件进行重新组合。在软件领域，标准化、开放的界面和代码免费许可的发展趋势，让创新者可以轻松而快速地对软件进行改进。在硬件领域，智能手机的巨大成功已经为显示屏、半导体、传感器、蓝牙等零部件创造了一个兴旺的二级市场，这些零部件产能充足且成本低廉，将这些零部件重组制成数据收集装置，将在大健康产业的各种新产品上发挥巨大作用。所以，这个时代为我们创造了解决问题的巨大机会。

## 四、设定目标的案例

再回到案例中，先为书设定一个理想目标。

理想状态的书没有载体，人们可以依靠特定的穿戴设备远程接收数据，数字信号和脑电波产生的物理信号转换对接，直接在大脑中呈现文字。整个过程甚至不需要用眼睛去看，我们就能读书。

设定功能目标需要了解一些标准化词汇，如表2-5所示。

表2-5　功能标准词汇及解释

| 功能 | 解释 |
| --- | --- |
| 吸收 | 物体把外界的某些物质吸到内部 |
| 积累 | （事物）逐渐聚集 |
| 弯曲 | 使材料发生弯曲的形变 |
| 毁掉 | 彻底破坏 |
| 改变相态 | 改变物质系统所处的状况，也指改变各种聚集态，如物质的固态、液态、气态等形态 |
| 清洁 | 清除物体上的污垢、尘土等不洁之物 |
| 压缩 | 使范围或体积缩小 |
| 集中 | 把分散的事物、力量等聚集起来 |
| 浓缩 | 物体中使一部分含量减少，另一部分含量增加的过程 |
| 约束 | 对非自由体的位置和速度预先施加的几何学或运动学的限制称为约束 |
| 冷却 | 物体的温度降低或使物体的温度降低 |
| 沉积 | 悬浮在液体中的固体颗粒的连续沉降，也指这样沉下来的物质形成冲积层或自然的堆积物 |
| 破坏 | 物体的结构损坏 |
| 检测 | 检查并进行测试 |
| 稀释 | 在溶液中再加入溶剂使溶液的浓度变小 |
| 干燥 | 从湿物料中除去水分或其他湿分的各种操作 |
| 蒸发 | 液体受热后表面缓慢地转化成气体的现象 |
| 膨胀 | 由于温度增高或其他因素，物体的长度或体积增加 |
| 提取 | 通过化学或机械工艺过程从物质中制取有用成分 |
| 凝固 | 液体遇冷凝结的现象 |
| 加热 | 使物体的温度增高 |
| 保持 | 维持（原状），使不消失或减弱 |

续表

| 功能 | 解释 |
| --- | --- |
| 连接 | 将两种分离型材料或零件连接成一个复杂零件或部件 |
| 融化 | 熔化；溶解 |
| 混合 | 使两种或多种物料相互分散而达到一定均匀程度 |
| 移动 | 改换原来的位置 |
| 定向 | 指定方向 |
| 产生 | 由已有的事物中生出新的事物 |
| 保护 | 尽力照顾，使不受损害 |
| 提纯 | 除去某种物质所含的杂质，使其变得纯净 |
| 清除 | 扫除净尽；全部去掉 |
| 抵抗 | 用力量制止对方的进攻 |
| 旋转 | 物体围绕一个点或一个轴做圆周运动 |
| 分开 | 使彼此分离、相互不合在一起或离开 |
| 振动 | 物体通过一个中心位置，不断做往复运动 |
| 装配 | 把零件或部件配成整体 |
| 腐蚀 | 由化学或由化学作用使物体消耗或破坏（铁在大气中的生锈） |
| 分解 | 使分成几个较简单的化合物；使分成构成成分或元素 |
| 定位 | 确定或指出的地方；确定场所或界限 |
| 磨光 | 借助粘有磨料的特制磨光轮（或带）的旋转，以切削金属零件表面的过程 |
| 保存 | 继续存在，不受损失 |
| 防止 | 预先设法制止（坏事发生） |
| 稳定 | 稳固安定；没有变动 |
| 嵌入 | 紧紧地埋入 |
| 侵蚀 | 逐渐侵害使受消耗或损害 |

　　功能目标是实现理想目标过程中的一个中间目标，如果想要实现理想目标中书的形态，我们首先要在标准词汇中选择实现几个功能目标。第一，将文字数据化，将书中的内容提取出来。第二，将图书馆里的纸质书压缩，建立一个数据库。第三，建立数据传输系统，将数据库里的资源连接到我们手中的数据终端。第四，设计一个数据处理终端，既可以接收数据，又可以检测数据，阅读书籍。

　　目前，互联网厂商已经在开发合适的平台、网络和商业模式，设计电子书，并为其提供虚拟个人图书馆支持，电子书籍会通过专用的无线网络发送至阅览器上。定义问题目标同样需要一些标准的词汇，如表2-6所示。

表 2-6　属性标准词汇与解释

| 属性 | 解释 |
|---|---|
| 亮度 | 发光体或反光体使人眼睛感到的明亮程度 |
| 颜色 | 色彩。光的各种现象或使人们得以区分在大小、形状或结构等方面完全相同的物体的视觉或知觉现象 |
| 浓度 | 某样成分(溶解的或弥散的物质)的相对含量 |
| 密度 | 物质的质量与它的体积的比叫作这种物质的密度,即单位体积中所含的质量 |
| 阻力 | 妨碍物体运动的作用力 |
| 导电性 | 物体传导电流的能力 |
| 能量 | 物质做功的能力 |
| 流量 | 流动的物体在单位时间内通过的数量 |
| 力量 | 改变物体运动状态作用的大小 |
| 频率 | 物体每秒振动的次数 |
| 摩擦 | 在压力作用下一物体表面上摩动 |
| 硬度 | 固体坚硬的程度,即固体对磨损和外力所能引起形变的抵抗能力的大小 |
| 导热性 | 对固体或液体传热能力的衡量 |
| 均匀性 | 物质的一种或几种特性具有相同组分或相同结构的状态 |
| 湿度 | 某些物质中所含水分的多少 |
| 长度 | 两点之间的距离,物体的一维量测量,如长、宽、高、角度等 |
| 磁性 | 磁体能吸引铁、镍等金属的性质 |
| 方向 | 东、南、西、北等 |
| 极化 | 事物在一定条件下发生两极分化,使其性质相对于原来状态有所偏离的现象 |
| 多孔性 | 物质内部分子的排列很松散,一般体现在物质内部的空气或是二氧化碳较多的轻型材料上 |
| 位置 | 所在或所占的地方 |
| 功率 | 物体在单位时间内所做的功 |
| 压力 | 物体所承受的与表面垂直的作用力 |
| 纯度 | 物质含杂质多少的程度 |
| 刚性 | 坚硬不易变形的性质 |
| 形状 | 物体或图形由外部的面或线条组合而呈现的外表 |
| 声音 | 由物体振动而发生的波通过听觉所产生的印象 |
| 速度 | 运动的物体在某一个方向上单位时间内所经过的距离 |
| 强度 | 物体抵抗外力而使其本身不被破坏的能力 |
| 表面积 | 所有立体图形的外表之和 |

| 属性 | 解释 |
|---|---|
| 光洁度 | 机器零件、工件等表面的光滑程度 |
| 温度 | 根据某个可观察现象，按照几种任意标度之一所测得的冷热程度 |
| 时间 | 事物(某些行动、过程或情况)存在或继续的期间 |
| 半透明性 | 物体只能透过一部分可见光，但不能通过它清晰地观察其他物体的性质 |
| 黏性 | 使流体或半流体发展或保持一定量的与流速有关的切应力，而对流动产生连续的阻力，流体的内摩擦 |
| 体积 | 物质或物体所占空间的大小；占据一特定容积的物质的量 |
| 重量 | 在地心引力的作用下，物体所具有的向下的力的大小 |
| 安全性 | 系统或物体保护自己的能力，免受未获准的进入、使用、窃取或其他不利影响 |
| 测量准确性 | 系统或物体性质所测量到的值与其实际值接近的程度 |
| 兼容性 | 该系统和其他系统能够联合程度，容纳包括各个方面或各种事物 |
| 可测性 | 检测或测量操作复杂、成本高、费时、费力 |
| 可靠性 | 物体或系统能够正常执行其功能的能力 |
| 可控性 | 系统状态是否可控，控制作用对被控对象影响的可能性 |
| 控制复杂性 | 复杂的控制系统，它包括用来提供有用功能的控制系统的物理组件或操作 |
| 可制造性 | 物体或系统在制造上的容易程度 |
| 敏感性 | 作用于物体或系统外部的影响力，而造成系统效率或质量的降低 |
| 美观性 | 一个物体或者系统的外形好看、漂亮 |
| 面积 | 物体的表面或围成的图形表面的大小，是指物体内部或者外部的任意二维尺寸 |
| 耐久性 | 随时间的延续仍能满足预定功能要求的能力，即物体失去功能前的寿命 |
| 能量的损失 | 能量的损失或浪费，不会有助于任何有用功能的执行。低效率。可能是部分或全部，永久或临时 |
| 容量 | 一个物体的容积的大小，也指物体或者空间所能够容纳的单位物体的数量 |
| 生产率 | 在单位时间内，系统或物体完成执行指定动作的次数 |
| 时间的浪费 | 时间效率低下，可能是部分或全部，经常或偶尔 |
| 舒适性 | 享受到的一些行为舒适功能 |
| 适应性 | 系统或物体对于外在条件改变后仍能正面地响应 |
| 稳定性 | 整个物体或系统受外在因素影响而维持不变的能力 |
| 物质的浪费 | 一个系统的元件或其周围的物质、材料等的损失或浪费。可能是部分或全部，永久或临时 |
| 物质的数量 | 制造一个系统所需要的物质的数量 |
| 消耗的能量 | 在做功期间所耗费的能量 |

| 属性 | 解释 |
|---|---|
| 系统复杂性 | 系统零件增加了复杂性。包括问题，如功能的数量、界面的数量和组件的连接数量过多 |
| 信息的数量 | 一种（附属）系统的信息资源（资料）的数量 |
| 信息的遗漏 | 一个系统的数据损失和浪费，也无法访问数据。包括数据相关的视觉、听觉、触觉、嗅觉或味觉 |
| 易操作性 | 物体或系统在使用或操作上的容易程度 |
| 有害的扩散 | 一个系统或物体产生任何形式的污染物或向环境扩散 |
| 有害副作用 | 造成系统效率或质量降低的不良影响 |
| 应力/张力 | 作用在物体上的应力或张力 |
| 易损坏性 | 一个物体或系统保护它自己或它的用户不受危害的能力。一个物体或者系统抵抗外部损害的能力 |
| 易维护性 | 物体或系统发生故障或损坏后容易修护与恢复功能的程度 |
| 运行效率 | 一个物体或系统的主要有用功能或相关功能的效率 |
| 自动化程度 | 物体或系统执行操作不需要人控制的程度 |
| 制造准确性 | 系统或物体本身的真实特性与规范的或需求的设计特性接近的程度 |
| 润滑性 | 减少摩擦和磨损的能力 |
| 压力梯度 | 沿流体流动方向、单位路程长度上的压力变化 |
| 温度梯度 | 自然界中气温、水温或土壤温度随陆地高度或水域及土壤深度变化而出现的阶梯式递增或递减 |
| 超声波 | 一种频率高于 20 000 Hz 的声波 |
| 反射率 | 物体反射的辐射能量占总辐射能量的百分比，称为反射率。不同物体的反射率也不同，这主要取决于物体本身的性质（表面状况），以及入射电感波的波长和入射角度，反射率的范围总是小于或等于 1，利用反射率可以判断物体的性质 |
| 震动 | 有物体自身动荡或使物体动荡的意思 |

问题目标是将功能目标分解成若干问题，每一个问题就是一个小目标。例如，案例中功能目标的第四点——设计一台数据处理终端（电子书阅览器），我们需要解决如下问题：第一，电池的待机时间，增大电池的能量。第二，储存空间，增大内存的容量。第三，显示屏技术等，降低显示屏亮度对眼睛的刺激，提高阅读时的舒适性，适应人们的日常阅读习惯。

书的目标设定用表格方式呈现，如表 2 - 7 所示。

表2-7 书的目标设定

| 目标 | 内容 |
|------|------|
| 理想目标 | 没有书，直接在大脑中呈现内容 |
| 功能目标 | 数据传输、数据库、数据终端 |
| 问题目标 | 数据终端的电池、内存、显示屏 |

创新的核心就是创造性地解决问题，人们习惯只考虑既有问题，或是正在发生的问题。我们能否给自己设定问题？这就是设定目标的意义。理想目标看似无法实现。然而，当我们将它不断分解，一步一步突破，任何目标都将不只是梦想。

# 第七节 分析问题

## 一、为什么分析问题

问题被提出来了，但是还没有解决，因为事物的内在联系还没有暴露出来。分析问题就是对存在于事物中的要素进行分析，找到其内在联系，也就是找到了解决问题的关键点。分析要素是对问题进行标准化和细化，在要素、知识、经验之间建立关联，以便准确地找到问题的解决方案。

## 二、要素

在化学中，人们一直在寻找最小微粒。因为找到最小微粒，就可以解释化学问题。例如，水是由水分子构成的，水分子是保持其化学属性的最小微粒；铁是由铁原子构成的，则铁原子是保持其化学属性的最小微粒；氯化钠（食盐）是由钠离子和氯离子构成，则钠离子和氯离子是保持其化学属性的最小微粒。然而，分子、原子、离子是最小的微粒吗？不是，原子还能分成原子核和核外电子，原子核又分为质子和中子，随着时间轴和空间轴的延伸，还可以无限细分。所以，不同的最小微粒解释不同的问题。

同理，要素就如同这个最小的微粒。根据不同的问题，事物的要素可以无限细分，要素是事物的基础，是稳定的、不可替代的、最根本的。要素是事物产生问题的根源。所以，解析出事物存在的关键要素，我们就抓住了解决问题的钥匙。

物质、能量、信息、时间、空间是构成自然界的各种事物的五个最基本的要素。通常，我们分析问题是在特定的时间与空间中分析物质，主要关注物质的属性、功能、工艺等要素。属性包含材料属性等要素，功能包含原理、结构等要素，工艺包含生产规范、加工流程等要素。各种要素还可以继续细分，细分到什么程度取决于解决什么问题，要素可以从本质方面说明问题的内在联系。

## 三、分析问题的操作流程

（1）确定问题。

（2）根据问题描述，列出要素。

（3）将要素继续细分。

（4）发现基础要素。

（5）由基础要素反推产生问题的原因。

（6）尝试通过改进或改变基础要素解决问题。

（7）确定解决问题的方向（创新的方向）。

常用的基础要素有属性和功能，如表 2-8 和表 2-9 所示。

表 2-8　属性要素词汇（中英文对照）

| 中文 | 英文 | 中文 | 英文 |
|---|---|---|---|
| 亮度 | brightness | 颜色 | color |
| 浓度 | concentration | 密度 | density |
| 阻力 | drag | 导电性 | electrical conductivity |
| 能量 | energy | 流量 | fluid flow |
| 力量 | force | 频率 | frequency |
| 摩擦 | friction | 硬度 | hardness |
| 导热性 | heat conduction | 均匀性 | homogeneity |
| 湿度 | humidity | 长度 | length |
| 磁性 | magnetic properties | 润滑性 | lubricity |
| 方向 | orientation | 极化 | polarization |
| 多孔性 | porosity | 位置 | position |
| 功率 | power | 压力 | pressure |
| 压力梯度 | pressure gradient | 纯度 | purity |
| 刚性 | rigidity | 形状 | shape |
| 声音 | sound | 速度 | speed |
| 强度 | strength | 面积 | area |
| 表面积 | surface area | 光洁度 | surface finish |
| 温度 | temperature | 温度梯 | temperature gradient |
| 时间 | time | 半透明 | translucency |
| 超声波 | ultrasound | 黏性 | viscosity |
| 体积 | volume | 重量 | weight |
| 应力/张力 | pressure/stress | 容量 | capacity |

续表

| 中文 | 英文 | 中文 | 英文 |
|------|------|------|------|
| 安全性 | security | 测量准确性 | measurement precision |
| 兼容性 | compatibility | 可测 | measurability |
| 可靠性 | reliability | 可控 | controllability |
| 控制复杂性 | control complexity | 可制造性 | manufacturability |
| 敏感性 | susceptibility | 美观 | aesthetics |
| 耐久性 | durability | 能量的损失 | loss of energy |
| 生产率 | productivity | 时间的浪费 | loss of time |
| 舒适性 | amenity | 适应性 | adaptability |
| 稳定性 | stability | 物质的浪费 | loss of substance |
| 物质的数量 | amount of substance | 消耗的能量 | consumption of energy |
| 系统的复杂性 | system complexity | 信息的数量 | amountofinformation |
| 信息的遗漏 | loss of information | 易操作性 | operability |
| 有害的扩散 | harmful emissions | 有害副作用 | harmful side effect |
| 易损坏性 | vulnerability | 易维护性 | maintainability |
| 运行效率 | function efficiency | 自动化程度 | automation |
| 制造准确性 | manufacturing precision | – | – |

表 2-9　功能要素词汇（中英文对照）

| 中文 | 英文 | 中文 | 英文 |
|------|------|------|------|
| 吸收 | absorb | 积累 | accumulate |
| 装配 | assemble | 弯曲 | bend |
| 破碎 | break down | 改变状态 | changephase |
| 清洁 | clean | 压缩 | compress |
| 集中 | concentrate | 浓缩 | condense |
| 抑制 | constrain | 冷却 | cool |
| 腐蚀 | corrode | 分解 | decompose |
| 沉积 | deposit | 破坏 | destroy |
| 检测 | detect | 稀释 | dilute |
| 干燥 | dry | 嵌入 | embed |
| 侵蚀 | erode | 蒸发 | evaporate |
| 膨胀 | expand | 提取 | extract |
| 凝固 | freeze | 加热 | heat |
| 保持 | hold | 连接 | join |
| 定位 | locate | 融化 | melt |

| 中文 | 英文 | 中文 | 英文 |
|------|------|------|------|
| 混合 | mix | 移动 | move |
| 定向 | orient | 磨光 | polish |
| 保存 | preserve | 防止 | prevent |
| 产生 | produce | 保护 | protect |
| 提纯 | purify | 清除 | remove |
| 抵抗 | resist | 旋转 | rotate |
| 分开 | separate | 稳定 | stabilize |
| 振动 | vibrate | – | – |

## 四、分析问题的案例

选择的创新目标——电子书阅览器，把电子书阅览器要素分析出来。将电子书阅览器分解为电池、内存、处理器、显示屏等部分。分析各部分的要素，提取关键要素(表2–10)。

以电池为例，参照表2–8、表2–9，从属性、功能、工艺等要素中提取的关键要素如下：能量、容量、时间、温度、体积。

以显示屏为例，提取的关键要素如下：亮度、舒适性、适应性、结构、技术、原理。

思考：能不能提高电池的能量容量？如何能提高电池的待机时间？由于电子书阅览器内部空间有限，如何能缩小电池的体积？如何有效降低电池的使用温度？

思考：能不能通过降低显示屏亮度，有效地减轻显示屏对眼睛的刺激？有没有新的专利技术能够改善阅读时眼睛的舒适度？能不能适应人们的阅读习惯？能不能使阅读体验更接近纸质书？

确定创新的方向。

表2–10　分析问题案例

| 要素 | 电池 | 显示屏 | 内存处理器 |
|------|------|--------|-----------|
| 属性 | 能量、容量、时间、温度、体积 | 亮度、舒适性、适应性、结构、技术、原理 | – |
| 功能 | | | |
| 工艺 | | | |
| 创新方向 | 能不能提高电池的能量容量<br>如何能提高电池的待机时间<br>由于电子书阅览器内部空间有限，如何能缩小电池的体积<br>如何有效地降低电池的使用温度 | 能不能通过降低显示屏亮度，有效地减轻显示屏对眼睛的刺激<br>有没有新的专利技术，能够改善阅读时眼睛的舒适度<br>能不能适应人们的阅读习惯<br>能不能使阅读体验更接近纸质书 | – |

　　本章系统性地介绍了创新的过程。其中，包括感知需求、发现问题、描述问题、设定目标、分析问题五步。具体讲述了感知需求的方法、没有问题的原因、发现问题的方法、描述问题的方法（5W2H法）、如何设定目标、如何分析问题。希望同学们学完本章，可以将本章的知识内化于心，外化于行，融会贯通，知行合一。

# 第三章
# 创意优化方法（头脑风暴法）

党的二十大报告特别强调，"必须坚持科技是第一生产力、人才是第一资源、创新是第一动力"。创新不是天马行空、异想天开，掌握创意优化方法，才能产生保证创新过程的顺利实施。

本章从头脑风暴法这种创意优化方法入手，从头脑风暴法的机理、原则、流程等角度，介绍"创意优化方法"，帮助学生应用这种方法，提升创新能力。

## 第一节　头脑风暴法的起源

1941年，美国BBDO广告公司副经理A·F·奥斯本受精神病患者的"胡言乱语"却很有创意的现象所启发（狂躁型，非抑郁型），为广告新创意而制订了一种会议形式，即头脑风暴法，又称畅谈法、集思法、BS法。它是采用集体讨论的方式，引导每个参加讨论的成员围绕着某个中心议题广开言路，自由平等、毫无顾忌、畅所欲言地发表独立见解，互相启发、激发灵感，在每个成员头脑中掀起思想风暴，并产生集体创造思维，对中心议题进行全面分析，识别可能解决问题的方法，或潜在的质量改进机会的一种方法。此法经各国创造学研究者的实践和发展，至今已经形成了一个发明技法群。例如，奥斯本智力激励法、默写式智力激励法、卡片式智力激励法，等等。

头脑风暴法可分为直接头脑风暴法（通常简称为头脑风暴法）和质疑头脑风暴法（也称反头脑风暴法）。前者是在专家群体决策尽可能激发创造性，产生尽可能多的设想的方法；后者则是对前者提出的设想、方案逐一质疑，分析其现实可行性的方法。

在群体决策中，由于群体成员心理相互作用的影响，易屈于权威或大多数人的意见，形成所谓的"群体思维"。群体思维削弱了群体的批判精神和创造力，损害了决策的质量。为了保证群体决策的创造性，提高决策质量，管理上发展了一系列改善群体决策的方法，头脑风暴法是较为典型的一个。采用头脑风暴法组织群体决策时，要集中有关专家召开专题会议，主持者以明确的方式向所有参与者阐明问题，说明会议的规则，尽力创造融洽轻松的会议气氛。一般不发表意见，以免影响会议的自由气氛。由专家们"自由"地提出尽可能多的方案。

# 第二节　头脑风暴法的应用

## 一、去除电线上的积雪

美国的西部供电公司，每年都因为大雪压断了供电线路而带来了巨大的经济损失。一次公司召开大会讨论问题的解决方案，每年给供电线路扫雪，耗费大量的人力，而且根本无济于事，大家都为此事感到焦头烂额。

过去，许多人试图解决这一问题，但都未能如愿以偿。后来，电信公司经理应用奥斯本发明的头脑风暴法，尝试解决这一难题。他召开了一种能让头脑卷起风暴的座谈会，参加会议的是不同专业的技术人员，要求他们必须遵守以下原则：

第一，自由思考。即要求与会者尽可能解放思想，无拘无束地思考问题并畅所欲言，不必顾虑自己的想法是否"离经叛道"或"荒唐可笑"。

第二，延迟评判。即要求与会者在会上不要对他人的设想评头论足，不要发表"这主意好极了！""这种想法太离谱了！"之类的"捧杀句"或"扼杀句"，至于对设想的评判，留在会后组织专人考虑。

第三，以量求质。即鼓励与会者尽可能多而广地提出设想，以大量的设想来保证质量较高的设想的存在。

第四，结合改善。即鼓励与会者积极进行智力互补，在增加自己提出设想的同时，注意思考如何把两个或更多的设想结合成另一个更完善的设想。

按照这种会议规则，大家七嘴八舌地议论开来，有人提出设计一种专用的电线清雪机；有人想到用电热来化解冰雪；也有人建议用振荡技术来清除积雪；还有人提出，能否带上几把大扫帚，乘直升机去扫电线上的积雪。对于这种"坐飞机扫雪"的想法，大家心里尽管觉得滑稽可笑，但在会上也无人提出批评。其中，轮到一组中的一个员工提出方案时，因为实在想不到什么了，就半开玩笑地说："我没什么办法了，叫上帝拿个扫把，打扫多好！"这时，同组另一个员工顿时醒悟："就给上帝一个扫把！"大家还没明白过来，他接着解释道："让直升机沿线路飞行，直升机产生的巨大风力可以吹散线路上的积雪！"顿时引起其他与会者的联想，有关用飞机除雪的主意一下子又多了七八条。不到一小时，与会的 10 名技术人员共提出 90 多条新设想。公司领导立即拍板，并给执行扫雪任务的飞机取名"上帝"号，真正成了让上帝来扫雪。从此西部供电公司解决了一个大难题，每年仅此一项就节约了几百万美元的开支，节省了大量的人力，创造了良好的社会效益！这就是头脑风暴带来的在工作中可以解决问题的案例。

## 二、巧用太空圆珠笔

20 世纪 60 年代末，美国阿波罗宇宙飞船在月球赤道附近着陆，宇航员阿姆斯特朗和奥尔德林先后走出登月舱。工作两个半小时后，返回登月舱，准备乘坐"上升舱"与指令舱会合。但由于"上升舱"的空间狭小，进入时身上背着的"生命保障系统"外壳撞上了座舱的内壁，竟把"上升舱"的喷气推进启动开关的塑料旋柄撞断了，导致开关无法使用。若登月舱的"上升舱"启动不了，宇航员就会被困在月球上，无法返回。

他们将情况向地面控制中心报告，控制中心的科学家立即寻找解决办法，大家提出了许多解决方案，但地面模拟操作都不成功，有人提出用宇航员身上特制的太空圆珠笔代替已损坏的塑料旋柄去启动开关。于是，科学家们在模拟器上把已损坏的塑料旋柄残余部分取下，再把太空笔的笔管前端伸进启动开关内部，去拨动一个小小的金属片。几次试验后，终于把电路接通了。

控制中心马上把这个消息通知月球上的宇航员，让他们也按这个方法操作。于是，就在当日 13 时 54 分，奥尔德林手持太空圆珠笔，如法炮制，启动开关的电路果真在瞬时接通，点火一举成功。"上升舱"在喷气推进器强大的气流推动下，缓缓飞离月球，与指令舱成功会合。可见，善于运用头脑风暴法，发挥集体智慧，其作用是无穷的。

## 三、发明新功能电器

盖莫里公司是法国一家拥有 300 人的中小型私人企业。这一企业生产的电器面临激烈的市场竞争。该企业的销售负责人在参加了一个关于发挥员工创造力的会议后大有启发，开始在自己公司谋划成立了一个创造小组。在冲破了来自公司内部的层层阻挠后，他把整个小组（约 10 人）安排到了农村一家小旅馆里，在以后的三天中，每人都采取了一些措施，以避免外部的电话或其他干扰。

第一天，全部用来训练，通过各种训练，组内人员开始相互认识，他们相互之间的关系逐渐融洽，开始还有人感到惊讶，但很快他们都进入了角色。

第二天，他们开始创造力训练技能，开始涉及智力激励法，以及其他方法。

他们要解决的问题有两个。在解决了第一个问题，发明一种拥有其他产品没有的新功能电器后，他们开始解决第二个问题，为此新产品命名。

在第一、第二两个问题的解决过程中，都用到了智力激励法，但在为新产品命名这一问题的解决过程中，经过两个多小时的热烈讨论后，共为它取了 300 多个名字，主管则暂时将这些名字保存起来。

第三天一开始，主管便让大家根据记忆，默写出昨天大家提出的名字。在 300

多个名字中，大家记住 20 多个。然后主管又在这 20 多个名字中筛选出了 3 个大家认为比较可行的名字，再将这些名字征求顾客的意见，最终确定了一个。

结果，新产品一上市，便因为其新颖的功能和朗朗上口、让人回味的名字，受到了顾客的热烈欢迎，迅速占领了大部分市场，在竞争中击败了对手。

## 四、打造好节目

在英国，节目的创新氛围很好，"点子"几乎是创意团队的全部谋生手段。如果没有好的点子，卖不出节目创意，就没有饭吃。反之，卖出了个好的点子，他们就有很多的盈利，甚至可以靠不断收取模式版权费用而盈利很长一段时间。

英国一直是全球最大的节目原创国，平均创新节目量达到 10 万个，若以小时计算，全球年均 45% 的节目创意来自英国，而且这些电视节目的版权还被世界各地电视台以重金购买，如天线宝宝、XFACTOR 等。

英国电视人是怎么做到这一点的呢？

在英国，节目创意的方法有很多无限联想，一分钟推销创意，一分钟之内，你的创意不能说服对方，就失败了。

英国的节目创意主体是团队，英国广播公司的创意总监说，他们开展节目创意的时候，团队的每个成员都是平等的，积极鼓励与会者思考别人的创意，在别人创意的基础上发展和提炼出新的创意，团队成员会花很多时间进行深入讨论和深化，用各种法则与工具对一个点子进行补充和完善。

在这一点上，国内的电视台也有策划会，但大多是制片人说了算，很少用各种法则与工具，对一个点子进行补充和完善。另外，国内的各电视机构虽然大多有节目研究部门，却鲜有节目创新和创意部门，各节目团队更不会花很多时间进行深入讨论和深化。

英国的专业团队在节目创新之前，非常注重受众调查，对受众进行细分，甚至为此请专门的调查公司做调研，而国内的节目创新往往是以制片人自己的喜好来决定节目的品位和走向，主管领导经常将自己的意见左右新点子的命运，新点子得不到应有的鼓励和发展。

## 五、设计不掉面包屑烤面包机

美国某公司决定在内部征集各类新型烤面包机的设计方案。有一位负责清洁的老太太问：有没有能抓老鼠的烤面包机？因为老鼠老是来吃烤面包机掉下的面包屑。于是，在老太太的激发下，公司在新设计的烤面包机最下层装上一个抽屉，用于收集掉下来的面包屑，不掉面包屑烤面包机就此诞生，产品一上市立即得到了广大用户的欢迎。类似激发创意的设计方案还有跳式烤面包机、可留言的烤面包机、透明的烤面包机、可翻转的烤面包机，等等。它们都是公司内部员工进行头脑风暴的结果。

## 六、设计水滴线型潜艇

水滴线型核潜艇被认为是稳定性最好的潜艇。为实现这一设计，美国人谨慎地走了三步，先是采用适合水面航行为主的常规线型，同时建造一艘常规动力水滴线型潜艇，摸索水滴形体的流体性能，在此基础上研制出先进的水滴型核潜艇。

1965年3月，我国核潜艇研制工作全面启动，能否设计出水滴线型核潜艇是关键。面对当时工业技术落后的状况，有人提出："保险起见，我们是不是也要多走几步？"但是，我国国力薄弱，核潜艇研制时间紧迫，没有钱拖，也拖不起，这一度困扰着核潜艇之父黄旭华和他的同事们。

依据大量试验和科学论证，黄旭华提出直捣龙潭的大胆想法，"三步并作一步走！"研制中国的水滴型核潜艇。他认为："一个侦察兵已把最佳路线侦察出来，再去就没有必要重走他侦察时的路线了。既然别人证明了核潜艇做成水滴线型可行，何必要再走弯路？"他坚持，只要与别人的大脑组成一个头脑网络，就能造就真正聪明的大脑。在召集大家开会讨论时，他不当裁判，而是鼓励敞开交流，激发"头脑风暴"。这样，就把团队的头脑连成了一张网络。他的口头禅是："干对了，没的说；干错了，总师承担责任。"

功夫不负有心人，黄旭华和同事们应用创新思维方法，解决了一系列关键难题，快速实现了这一设计。1970年12月，我国第一艘攻击型核潜艇顺利下水，1974年8月，我国第一艘核潜艇正式列入海军战斗序列。这是世界核潜艇史上罕见的速度：上马三年后开工，开工两年后下水，下水四年后正式入列。1981年4月，我国第一艘弹道导弹核潜艇成功下水。两年四个月后，交付海军训练使用，加入海军战斗序列。我国成为继美、苏、英、法之后世界上第五个拥有核潜艇的国家。

随着创造活动的复杂化和问题涉及技术的多元化，单枪匹马式的冥思苦想将变得软弱无力，"群起而攻之"的战术，则显示出攻无不克的威力。

运用头脑风暴法组织小型会议，针对某一主题，营造自由愉快、畅所欲言的气氛，让所有参与者自由提出并交换创意或点子，以此激发脑海的创造性"风暴"——产生共振和连锁反应，从而诱发更多的创意及灵感。表3-1对传统讨论会与头脑风暴会的特点进行了对比。

表3-1　传统讨论会与头脑风暴会的对比

| 传统讨论会 | 头脑风暴会 |
| --- | --- |
| 创造力受到约束 | 创造力得到释放 |
| 多数人意见或一致意见的压力 | 禁止批评别人的意见 |
| 老板或领导权威的影响 | 提倡自由思考，天马行空、异想天开，越新奇越好 |
| 随意的评判 | 观点意见越多越好 |
| 部分与会者沉默或不够积极 | 引发联想，补充完善 |

# 第三节 头脑风暴法的机理

头脑风暴为什么能激发创新思维？根据 A·F·奥斯本本人及其他研究者的看法，主要有以下四点。

## 一、联想反应

联想是产生新观念的基本过程。在集体讨论问题的过程中，每提出一个新的观念，都能引发他人的联想。相继产生一连串的新观念，产生连锁反应，形成新观念堆，为创造性地解决问题提供了更多的可能性。

## 二、热情感染

在不受任何限制的情况下，集体讨论问题更能激发人的热情。每个人自由发言、相互影响、相互感染、相互启发，突破固有观念的束缚，气氛融洽高涨，最大限度地发挥创造性的思维能力。

## 三、竞争意识

在有竞争意识的情况下，人人争先恐后，竞相发言，不断地开动思维机器，力求有独到见解，新奇观念。心理学的原理告诉我们，人类有争强好胜的心理，在有竞争意识的情况下，人的心理活动效率可增加50%或更多。

## 四、个人欲望

在集体讨论解决问题的过程中，个人的欲望自由，不受任何干扰和控制，是非常重要的。头脑风暴法有一条原则，不得批评仓促的发言，甚至不许有任何怀疑的表情、动作、神色。这就能使每个人畅所欲言，提出大量的新观念。

为此，要创造良好的平台，提供激发灵感、开阔思路的环境。充分挖掘思维潜力，培养责任感、自信心和创造力。良好的沟通氛围，发挥集体智慧，增强团队凝聚力。天马行空，集思广益，在有限的时间产生大量的创意。

通过集体的讨论激励，使与会者的潜意识慢慢地显露出来，使沉睡的记忆信息活跃起来，使大脑处于兴奋的工作状态，产生出意想不到的新思想、新观点。

一些科学测试证实，在群体联想时，成年人的自由联想可以提高50%或更多。这是因为在群体中，人们的思维可以相互启发、引起联想、相互激励，做到思维共振。人们的设想可以相互补充、相互促进，做到连环增值。

应用范围：政治和社会问题的解决，尖端科技的创新，家庭或个人琐事的处理。例如，产品革新，军事指挥，企业管理，文艺创作等。

群体智慧不是个人智慧的简单叠加，它能产生整体大于部分的整体效应。正如俗话所说："三个臭皮匠胜过一个诸葛亮。"

头脑风暴法作为一种进行发散思维、激发创意的简单高效的工具，在美国推广应用。许多大学相继开设了头脑风暴法课程。其后，传入西欧、日本、中国等国家或地区。经各国创造学研究者的实践和发展，已经形成了一个发明技法群，如奥斯本智力激励法、默写式头脑风暴法、卡片式智力激励法、NBS 的头脑风暴法、三菱式头脑风暴法等。

# 第四节　头脑风暴法的原则

头脑风暴法的意义在于，使与会者畅所欲言，通过思维的相互撞击、启发和激励，迸发出火花，达到较高效率集思广益的目的。

为了激发更多的设想，不管提出的想法是否可用，都有引发其他设想的可能。

一次成功的头脑风暴关键在于探讨方式，心态上的转变，概言之，即营造充分、非评价性、无偏见的交流氛围。

为了保证头脑风暴法发挥作用，在进行集体讨论之前，必须确立君子协定，称为"臭皮匠协定"，奥斯本要求与会人员务必严格遵守以下原则：自由畅想，鼓励新奇；延迟评判，禁止批判；追求数量，以量求质；相互激发，综合集成。

## 一、自由畅想，鼓励新奇

要敞开心扉，不受传统思想框架的束缚和逻辑思维的影响，尽情运用发散性思维，力求在自由翱翔的思想状态下，产生更多新颖的设想。

驯服一个狂热的创意，比率先想出一个立即生效的观点要容易得多，观点越"疯狂"，就越要给予鼓励。

自由发散：不必顾虑自己的创意是"离经叛道""荒唐可笑"或"错误荒谬"；不局限思考的空间，不受任何条条框框限制；尽可能解放思想，无拘无束地让思维自由驰骋；从不同角度、不同层次、不同方位，任意想象，尽量发挥。

平等交流：不分职务、资历、性别、年龄、专业，平等探讨，提倡创造一种自由、活跃的气氛，使与会者思想放松，自由奔放的思考，不被束缚的表达。轮流发言，机会均等。

鼓励表达：闭嘴容易，开口难，要大声说出你脑子里闪过的任何奇异的、不可行的创意，以诱发出更好的创意；没有任何观点是荒谬的，也没有什么观点是夸张的，说出口的点子就是好点子；看似荒唐，不着边际的创意，或许就是好创意的原型，是打开创意大门的钥匙。

要点：聚焦主题、异想天开、标新立异、畅所欲言。

顺利联想的几个方法：思考有没有类似的东西？有没有可借用的？有无代用品？是否可以改变一下看看？是否可以借童话故事或小孩的经验获得启发？是否可以移动一下身体并专心思考？

## 二、延迟评判，禁止批判

"评判"会破坏自由畅想的良好气氛，进而会对创造性思维产生抑制作用。因而，在集体讨论解决问题的过程中，使每个人的畅想不受到任何干扰和控制，是非常重要的。

美国心理学家梅多和教育学家帕内斯的大量试验和调查说明，在集体思考时，推迟评判可多产生70%的设想；在个人思考时，可多产生90%的设想。

包容思维：头脑风暴的目的，不是用来直接解决问题，而是启发人们的思路，就像人们生活中的垫脚石（stepping stone）一样。参与者要认真对待任何一种创意，即使认为是幼稚的、错误的，甚至是荒诞离奇的创意，都有价值。不得批评仓促的发言，甚至不许有任何怀疑的表情、动作、神色。这就能使每个人畅所欲言，提出大量的新观念。

禁止评判：评判会抑制右脑的活动，对创造性思维会产生抑制作用。

胆怯的自谦之语、讽刺挖苦的否定之语、夸大其词和漫无边际的吹捧之语，甚至怀疑的讥笑神态、手势等，都会破坏会场气氛，影响自由畅想，使人变得更加拘谨。约束与会者的积极思维，影响思绪，会破坏自由畅谈的气氛，妨碍畅所欲言；而未发表的意见或许非常好，或可激发别人更好的创意。把后续要做的工作提前进行，不能集中精力开发创意，则会影响创造性创意的大量产生。因此，不允许对他人的任何创意进行质询、挑毛病、批评、评估和判断，也不允许自我批评或自谦。

会后评判：头脑风暴是一个高耗能的活动，对观点的评判要占用珍贵的脑力，要在有限的时间，调动每个人的积极性，集中精力、拓展思路。对各种意见、方案或创意的评判要放到会后进行。

忌讳的扼杀句：这根本行不通；创意太陈旧了；这是不可能的；这不符合某某定律；真是异想天开；太新奇了！不实际；没意义（无聊）；无法成功；不符合目的；成本会增加；不合道理；没时间完成；难度太大；无稽之谈。以及我提一个不成熟的看法；我有一个不一定行得通的创意，等等。

建议的表达方式："你的创意很有趣！""你的创意很棒的地方是……""你让我想到了还可以……"

## 三、追求数量，以量求质

我们不能指望每一个设想都是适用的、最佳的；而应该知道，只有在大量设想的激发下，才有可能产生有价值的创意。正所谓量变达到一定程度才能激发质变。

奥斯本认为，理想结论的获得，常常是在逐渐逼近过程后期提出的设想中。有实验证明，后半部分设想的价值比前半部分设想的价值高出78%。

质数密切相关：创意的数量越多，产生好创意的概率就越大。这是获得高质量创造性创意的条件。在众多的创意中拆分重组，生成创意，最后的创意中或许就能找到你创意的影子。

创意多多益善：头脑风暴会议的核心目的是追求创意的数量。每个参与者都要抓紧时间多思考，运用发散思维多提创意，不必顾虑创意内容的好坏。至于浓缩创意清单及质量问题，可留到会后的创意处理阶段去解决。

追求数量的好处：由量可以产生质（哲学上说量变到质变），如笨拙的枪手射击多了也会击中目标（概率的依据）；需要的是创意（出发点）；要求数量则没有批评的时间（时间精力有限）。

以量求质的诀窍：接连不断地发言；指名发言方式也有效；一想到就马上开口发言；一分钟就出一个创意；累了就休息。

## 四、相互激发，综合集成

奥斯本说："最有意思的集成大概就是设想的集成。"集成也是创造。创造在于综合头脑中已有的思想，在大量设想之间形成新的组合，以及对设想的深度加工。

有交流：头脑风暴会并不仅仅是把各自的创意罗列出来，还是一个激荡的过程。一个灵感引发另外一个灵感，一个创意催生另一个创意，从而得到更多、更好的创意。

有发展：巧妙地利用他人的创意，从中得到激励和启示，在他人见解上进行补充、修改、发挥——集思广益，团队创意的叠加性！

鼓励"搭便车"，见解无专利：鼓励将他人的若干创意综合起来，在他人创意的基础上借题发挥，盗用别人的创意，产生一个更新、更奇、更妙、更完善的创意。

有创新：强调相互启发、相互补充、相互完善，创意加创意便等于新的创意，产生的创意是小组成员互相感染的总体效应。

借题发挥的要求：珍惜"如此说来……"；不必因为是某先生的创意，所以客气；专家、权威的创意一样可以盗用；变化一下，得到一个更好的创意；把两个创意结合看看，互相配合看看。

总之，自由畅想突出求新、求奇、求异，是宗旨；延迟评判强调外部条件，是保证；以量求质和综合集成强调互动性，是关键。

# 第五节　头脑风暴的流程及要点

应用头脑风暴法，大致上可分为准备、产生、澄清、整理四个阶段。

## 一、准备阶段

为了使头脑风暴畅谈会的效率较高，效果较好，可在会前做一点准备工作。如收集一些资料预先给大家参考，以便与会者了解与议题有关的背景材料和外界的动态。就参与者而言，在开会之前，对于要解决的问题一定要有所了解。会场可做适当布置，座位排成圆环形的环境，往往比教室式的环境更为有利。此外，在头脑风暴会正式开始前，还可以出一些创造力测验题供大家思考，以便活跃气氛，促进思维。

### 1. 确定课题

一个好的头脑风暴法一般从对问题的准确阐明开始。因此，必须在会前确定一个目标，使与会者明确，通过这次会议需要解决什么问题。同时，不要限制可能的解决方案的范围。一般而言，比较具体的议题能使与会者较快地产生设想，主持人也较容易掌握；比较抽象和宏观的议题引发设想的时间较长，但设想的创造性也可能较强。

### 2. 确定人员

有 1 名主持人，1～2 名记录员（秘书）。一般以 8～12 人为宜，也可略有增减（5～15 人）。与会者人数太少，不利于交流信息，激发思维；而人数太多则不容易掌握进程，并且每个人发言的机会相对减少，也会影响会场气氛。只有在特殊情况下，与会者的人数可不受上述限制。

头脑风暴法的所有参加者，都应具备较高的联想思维能力。在进行"头脑风暴"（即思维共振）时，应尽可能提供一个有助于把注意力高度集中于所讨论问题的环境。有时某个人提出的设想，可能正是其他准备发言的人已经思考过的设想。其中一些最有价值的设想，往往是在已提出设想的基础之上，经过"思维共振"的"头脑风暴"，迅速发展起来的设想，以及对两个或多个设想的综合设想。因此，头脑风暴法产生的结果，应当认为是专家成员集体创造的成果，是专家组这个宏观智能结构互相感染的总体效应。

主持人的作用是在头脑风暴畅谈会开始时，重申讨论的议题和纪律，在会议进程中启发引导，掌握进程。如通报会议进展情况，归纳某些发言的核心内容，提出自己的设想，活跃会场气氛，或者让大家静下来认真思索片刻，再组织下一个发言高潮等。记录员应将与会者的所有设想都及时编号，简要记录，最好写在黑板等醒目处，让与会者能够看清楚。记录员也应随时提出自己的设想，切忌持旁观态度。

**3. 选择场地**

最好选择明亮整洁的封闭空间，20平方米左右，装饰简单，有桌椅、白板、饮水。特别要注意有足够大的白板或者黑板，将头脑风暴中的全部想法能够记录下来，可以直观地让大家看见并经行思考。

**4. 规定纪律**

根据头脑风暴法的原则，可规定几条纪律，要求与会者遵守。如要集中注意力积极投入，不消极旁观；不要私下议论，以免影响他人的思考；发言要针对目标，开门见山，不要客套，也不必做过多的解释；与会之间相互尊重，平等相待，切忌相互褒贬，等等。

**5. 掌握时间**

会议持续一小时左右。最好的设想往往是会议要结束时提出的。因此，预定结束的时间到了，可以根据情况再延长五分钟，这是人们容易提出好的设想的时候。在一分钟时间里再没有新主意、新观点出现时，可宣布结束或告一段落。

## 二、产生阶段

**1. 主持人介绍基本情况**

由主持人向大家宣布会议开始，说明会议规则，然后谈一些轻松有趣的话题，营造一种自由、宽松、祥和的氛围，使大家尽可能放松，进入一种轻松活跃的状态。主持人要简单、扼要地介绍议题，避免说得过多，限制参加者的思维。

**2. 各成员依次发表观点**

主持人应懂得各种创造思维和技法，会前要向与会者重申会议应严守的原则和纪律，善于激发成员思考，使场面轻松活跃而又不失脑力激荡的规则。可轮流发言，每轮每人简明扼要地说清楚一个创意设想，避免形成辩论会和发言不均。

主持人要以赏识激励的词句、语气和微笑点头的行为语言，鼓励与会者多提出设想。例如说："对，就是这样！""太棒了！""好主意！这一点对开阔思路很有好处！"，等等。禁止使用下面的话语："这点别人已经说过了！""实际情况会怎样呢？""请解释一下你的意思。"经常强调设想的数量，如平均3分钟内要发表10个设想；遇到人人皆才穷计短出现暂时停滞时，可采取一些措施，如休息几分钟，自选休息方法，散步、唱歌、喝水等，再进行几轮脑力激荡。或发给每人一张与问题无关的图画，要求讲出从图画中所获得的灵感。根据课题和实际情况需要，引导大家掀起一次又一次脑力激荡。

**3. 互相激发思维、补充观点**

经过一段时间的脑力激荡，大家对问题已经有了较深刻的理解，使大家对问题能够从新的角度来思考，记录人员可以对发言记录进行整理、归纳，找出富有创意的见解和思维的遗漏，主持人以此进行启发，激起下一轮的头脑风暴。

**4. 确认是否还有新的观点**

会议时间由主持人掌握，不宜在会前定死。一般来说，以几十分钟为宜。时间太短与会者难以畅所欲言，太长则容易产生疲劳感，影响会议效果。经验表明，创新性较强的设想一般要在会议开始 10 ~ 15 分钟后逐渐产生。美国创造学家帕内斯指出，会议时间最好安排在 30 ~ 45 分钟之间。倘若需要更长的时间，就应把议题分解成几个小问题，分别进行专题讨论。

**5. 重述观点**

在会议结束前，根据归纳整理的记录，重新表述与会者的点子和构思，确认没有遗漏和误解，并向与会人员表示肯定、赞扬、鼓励和感谢。

## 三、澄清阶段

**1. 筛选观点**

平凡型观点可用，但效果不明显；幻想型效果明显，但可能条件不具备。要将平凡型和幻想型转化为实用型。

**2. 确认观点**

确认是否需要进一步开发幻想型观点（对幻想型观点不要随便舍去）。

## 四、整理阶段

**1. 整理观点**

会议结束后的一两天内，主持人应当向与会者了解大家会后的新想法和新思路，以此补充会议记录。

**2. 筛选观点**

将大家的想法整理成若干条方案，再根据可识别性、创新性、可实施性等进行筛选。经过多次反复比较和优中择优，最后确定 1 ~ 3 个最佳方案。这些最佳方案几乎是多种创意的综合体，优势互补，是大家智慧的集合和结晶。

## 五、头脑风暴法中的记录工作

会议提出的设想应由专人简要记载下来或录在磁带上，以便由分析组对会议产生的设想进行系统化处理，供下一（质疑）阶段使用。

系统化处理程序如下：

（1）对所有提出的设想编制名称一览表。

（2）用通用术语说明每一设想的要点。

（3）找出重复的和互为补充的设想，并在此基础上形成综合设想。

（4）提出对设想进行评价的准则。

（5）分组编制设想一览表。

## 六、对头脑风暴法的评价

### （一）头脑风暴的好处

实践经验表明，头脑风暴法可以排除折中方案，对所讨论的问题通过客观、连续的分析，找到一组切实可行的方案，因而头脑风暴法在军事决策和民用决策中得出了较广泛的应用。例如，在美国国防部制定的长远科技规划中，曾邀请50名专家采取头脑风暴法召开了两周会议。参加者的任务是对事先提出的长远规划提出异议。通过讨论，得到一个使原规划文件变为协调一致的报告。在原规划文件中，只有25%～30%的意见得到保留。由此可以看到头脑风暴法的价值如下所述。

（1）极易操作执行，具有很强的实用价值。

（2）非常具体地体现了集思广益，体现团队合作的智慧。

（3）每一个人的思维都能得到最大限度地开拓，能有效开阔思路，激发灵感。

（4）在最短的时间内可以批量产生灵感，会有大量意想不到的收获。

（5）几乎不再有任何难题。

（6）面对任何难题，举重若轻。对于熟练掌握"头脑风暴法"的人来讲，再也不必一个人冥思苦想，孤独"求索"了。

（7）因为头脑越来越好用，可以有效地锻炼一个人及团队的创造力。

（8）使参加者更加自信，因为，他会发现自己居然能如此有"创意"。

（9）可以发现并培养思路开阔、有创造力的人才。

（10）为创造良好的平台，提供了一个能激发灵感、开阔思路的环境。

（11）因为良好的沟通氛围，有利于增加团队凝聚力，增强团队精神。

（12）可以提高工作效率，能够更快更高效地解决问题。

（13）使参加者更加有责任心，因为人们一般都乐意对自己的主张承担责任。

### （二）影响头脑风暴法的因素

当然，头脑风暴法实施的成本（时间、费用等）是很高的。另外，头脑风暴法要求参与者有较好的素质。这些因素是否满足，会影响头脑风暴法实施的效果。头脑风暴应该避免的六种情况，美国著名的设计公司 IDEO 公司总经理汤姆·凯利在其著作《创新的艺术》一书（中信出版社出版）中，总结出企业在进行"头脑风暴"时应该避免的六种情况。

（1）老板率先发言。如果老板率先发言，他可能会设定讨论的范围和议程，会让讨论受到局限。

（2）大家轮流发言。大家坐在一起，按照顺时针或者逆时针的方向轮流发言，气氛看似民主，事实却很难挨。这将会导致大家把发言当成一种任务，不利于进行有效的集体讨论。

（3）只让专家发言。参与讨论的不应该都是专家。应该注意各个行业和层次的人员搭配，理论和实践人员的相互结合。有时，一些外行人的介入恰恰可以提供一些有价值的见解。

（4）远离现场举行。在滑雪胜地或者海滩举行集体讨论，有可能达不到预期目的。地点的接近性则会引发一些相关的灵感。

（5）不允许愚蠢的素材。一些看似愚蠢的素材，可能为我们的工作提供良好的创意。

（6）无所不记。如果把会议讨论的任何内容都记下来，会使你分散注意力而影响创意的产生。

头脑风暴法快速、简单而且有效，然而，许多组织却在头脑风暴法上屡屡受挫，以至于最后放弃使用它。于是他们说，头脑风暴法已经过时了，而且不再有效。但事实上，人们受挫的真正原因是，他们没有适当地使用头脑风暴的方法。一次奏效的头脑风暴，是有趣而充满活力的。它能够产生许多好的主意。但较差的头脑风暴却令人受挫，消磨动力。

下面列举几种简单却足以毁掉一次头脑风暴的情况。

**1. 没有清晰的目标**

如果一次头脑风暴的意图是模糊不清的，就会导致逡巡不前甚至失去方向。所以，一定要设立清晰的目标。一次头脑风暴的目的是，为了达到一个具体特定的目标，而产生许多有创意的主意。最好的方法是把这个目标设定成一个问题。模糊的目标是无用的。"我们如何能做得更好"就没有"我们如何在下面的一年内将销售量翻倍"要好。然而，问题中的数字也不应该过细。否则，会使头脑风暴受到局限，减少更多的可能性。像"我们如何通过利用现有渠道和当前的产品设置，使销售量翻倍"这样的问题，也许就过于限制了。一旦这样的一个问题得到一致的同意，就将它写下来，以便所有人都能清楚地看到。

**2. 参与者的背景太过相近**

假如每个人都来自同一个部门，就极易陷入一种"群体思考"之中，从而大大地禁锢创造力。因此，要小心地选择参与者。参与者的数量控制在 6～12 人为宜。太少的人数会使头脑风暴的素材不够丰富。而太多的人又难以控制，限制了个人的发挥。在整个头脑风暴小组中，还应引入一些其他领域，甚至与讨论的话题无关的旁观者——这些人常会提出不同角度的看法，以及奇特的创意。不同背景的参与者组成的讨论，效果是最好的。这些人可以涵盖不同的年龄层次，男性和女性，经验丰富的老手或者新人，等等。

**3. 使老板成为讨论的推动者**

要小心在团队中表现得独断专行的老板。他们可能会限制或固定住讨论的内容。如果这样的老板在场，那么，最好找一名能够胜任推动者的独立人士——他要能够激励大家积极地思考，并防止某一个人主导全局。对头脑风暴而言，最差的一种情形是，部门经理既主持会议，同时又做记录员和证明人。

### 4. 允许过早的评判

头脑风暴最重要的原则是将评判推后。为了鼓励大量不同凡响的好想法出现，确保没有人对任何一种想法提出批评、负面的评价或任何的评判，是非常重要的。参与者说出的任何一个想法，都要记录下来。在产生想法的阶段不进行评判的原则，极为重要，因而需要严格地加以执行。

### 5. 满足于为数不多的想法

不要刚得到几个想法，就开始分析。数量才是最重要的。想法的数量越多越好。在一切活动当中，头脑风暴是为数不多的数量能够改善质量的活动。想想达尔文式处理过程。各不相同的想法产生得越多，其中一些最终被选中的可能性就越大。你需要很多的精力和各种声音，才能得到大量特别的想法。完全无法使用的疯狂想法往往能起到跳板的作用，引领我们想出可以被采用的新颖的方案。因此，要保持源源不断的疯狂想法。

### 6. 没有收场或后续执行

不要在没有达到清晰的执行计划之前，就结束头脑风暴会议，即使已经产生了一大堆想法。如果看不到一个真实的结果，人们会感到之前进行的过程没有意义，从而灰心丧气。应该在会上快速地分析一下得到的这些想法。一种好的方法是把总结性发言分成三个部分——有见地的想法、有趣的想法或者反对意见。若在有见地的想法里，有特别出色的点子值得马上去实施的，应该立即将它作为一个实践项目交予相关的实行者。

### 拓展阅读

## 质疑头脑风暴法阶段

在决策过程中，对上述直接头脑风暴法提出的系统化的方案和设想，还经常采用质疑头脑风暴法进行质疑和完善。这是头脑风暴法中对设想或方案的现实可行性进行估价的一个专门程序。这一程序分为以下三个阶段。

第一阶段，就是要求参加者对每一个提出的设想都要提出质疑，并进行全面评论。评论的重点，是研究有碍设想实现的所有限制性因素。在质疑过程中，可能产生一些可行的新设想。这些新设想，包括对已提出的设想无法实现的原因的论证，存在的限制因素，以及排除限制因素的建议。其结构通常是"××设想是不可行的，因为……，如要使其可行，必须……"

第二阶段，是对每一组或每一个设想，编制一个评论意见一览表，以及可行设想一览表。质疑头脑风暴法应遵守的原则与直接头脑风暴法一样，只是禁止对已有的设想提出肯定意见，而鼓励提出批评和新的可行性设想。在进行质疑头脑风暴法时，主持者应当首先简明介绍所讨论问题的内容，扼要介绍各种系统化的设想和方案，以便把参加者的注意力集中于对所讨论问题进行全面评价上。质疑过程一直进行到没有问题可以质疑为止。质疑中抽出的所有评价意见和可行性设想，应专门记录或录在磁带上。

第三个阶段，是对质疑过程中抽出的评价意见进行估价，以便形成一个对解决所讨论问题实际可行的最终设想一览表。对于评价意见的估价，与对所讨论设想质疑一样重要。因为在质疑阶段，重点是研究有碍设想实施的所有限制性因素，而这些限制性因素即使在设想产生阶段，也是放在重要位置予以考虑的。

由分析组负责处理和分析质疑结果。分析组要吸收一些有能力对设想实施做出较准确判断的专家参加。如果必须在很短的时间内就重大问题做出决策时，吸收这些专家参加，尤为重要。

盖莫里公司是法国一家拥有300人的中小型私人企业。这一企业生产的电器有许多厂家和它竞争市场。该企业的销售负责人参加了一个关于发挥员工创造力的会议后大有启发，开始在自己公司谋划成立了一个创造小组。在冲破了来自公司内部的层层阻挠后，他把整个小组（约10人）安排到了农村议价小旅馆里，在以后的三天中，每人都采取了一些措施，以避免外部的电话或其他干扰。

第一天，全部用来训练。通过各种训练，组内人员开始相互认识，他们相互之间的关系逐渐融洽，开始还有人感到惊讶，但很快他们都进入了角色。第二天，他们开始创造力训练技能，开始涉及智力激励法，以及其他方法。他们要解决的问题有两个，在解决了第一个问题，发明一种拥有其他产品没有的新功能电器后，他们开始解决第二个问题，并为这一新产品命名。

在第一、第二两个问题的解决过程中，都用到了智力激励法。但在为新产品命名这一问题的解决过程中，经过两个多小时的激烈讨论后，共为它取了300多个名字，主管则暂时将这些名字保存起来。第三天一开始，主管便让大家根据记忆，默写出昨天大家提出的名字。在300多个名字中，大家记住20多个。然后主管又在这20多个名字中筛选出了三个大家认为比较可行的名字。再将这些名字征求顾客意见，最终确定了一个。

结果，新产品一上市，便因为其新颖的功能和朗朗上口、让人回味的名字，受到了顾客的热烈欢迎，迅速占领了大部分市场，在竞争中击败了对手。

此案例带给我们的启示：

智力激励法适合于解决那些比较简单、严格确定的问题。例如，研究产品名称、广告口号、销售方法、产品的多样化研究等，以及需要大量的构思、创意的行业，如广告业。

在企业，领导是最主要的决策者。但是，对领导来说，一个人的智慧和力量，经历和观察问题的视觉都是有限的。因此，领导常常会出现一些困惑。例如，企业在开展某项活动时，因为思维上形成了一定的定式，在制订方案时始终跳不出固有的模式，这就给员工以厌烦之感，调动不起激情来，活动也因此而显得一般化。例如，领导在管理工作中，往往遇到一些棘手的事情，常常是冥思苦想也没有好的办法。这时，就可以听听广大员工的意见，试着使用头脑风暴法来帮助解决一些问题。因为这既可集思广益，充分体现民主，又很好地调动起了全体员工管理的积极性，且能从一定程度上减少决策的失误。领导在具体操作时，可以给员工们营造一个机会，在有意无意间提出需要讨论的话题，鼓励大家放开胆子尽情地说，让讨论者的思维大门打开，让一些新的想法在讨论中迸发出来。

我们常常有这样的体验，一个人在一个热烈的环境中，当看到别人发表新奇的意见时，思维受到刺激，情绪受到感染，潜意识被自然地唤醒，巨大的创造智慧自然地迸发了出来，大量的信息不断地充斥着人的大脑，奇思妙想就会喷涌而出。在这时，在场的人就会压抑不住自己内心的激动，争着抢着想把自己要说的话说出来。场面越是热烈，争着发言的人就会越多；发言的人越多，形成的点子就会越多。于是，一个个好的方案就这样形成了。

这种议事形式可以在正式场合中进行，也可以在较为自由的非正式场合中进行。非正式场合因为环境放松，可以少生顾忌，便于畅所欲言，大胆地说话。无意识中，一些创意或方案的雏形形成，再经过正式研究或论证，就逐步地形成了一系列经得起检验的成果。

实践证明，在企业管理中，灵活而巧妙地使用"头脑风暴法"，能使领导和员工关系更加融洽，最大限度地使大家智慧的火花得以迸发，进而最终形成了一个个好的创意或方案，制订出一些切实可行的工作措施，寻找到一些解决疑难问题的办法来，值得认真探索。

头脑风暴法要解决的议题应当从大家关注的问题着手。如果是平日悬而未决的，参与者们一直期待解决的问题为最佳。这种议事方法的特点是，参加者提出的方案说得越新奇越好，以此激发与会者的创意及灵感，使要解决的问题思路逐渐地明晰起来。

在议事中采用头脑风暴法要遵循五大原则：一是禁止评论他人构想的好坏；二是最狂妄的想象是最受欢迎的；三是重量不重质，即为了探求最大量的灵感，任何一种构想都可被接纳；四是鼓励利用别人的灵感加以想象、变化、组合等，以激发更多更新的灵感；五是不准参加者私下交流，以免打断别人的思维活动。不断重复以上五大原则进行智力激励法的培训，就可以使参加者渐渐养成弹性思维方式，涌现出更多全新的创意。在众多创意出来后，管理者再进行综合和筛选，最后形成可供实践的最佳方案。

字"互联网"与符号"＋"分开理解。符号"＋"意为加号，即代表着添加与联合。这表明了"互联网＋"计划的应用范围为互联网与其他传统产业。它是针对不同产业间发展的一项新计划，应用手段则是通过互联网与传统产业进行联合和深入融合的方式进行。另一方面，"互联网＋"作为一个整体概念，其深层意义是通过传统产业的互联网化完成产业升级。互联网通过将开放、平等、互动等网络特性在传统产业的运用，通过大数据的分析与整合，试图厘清供求关系，通过改造传统产业的生产方式、产业结构等内容，来增强社会经济发展的动力，提升效益，从而促进国民经济健康有序地发展。

# 第二篇
# 创 业 篇

# 第四章

# 产品需求分析

在产品研发工作中，产品需求分析是一项很重要的工作。然而，面对多方面的需求来源（竞争产品分析、用户反馈、用户研究），究竟该如何抓住用户的核心需求，又有哪些原则可以遵循呢？

本章从市场需求，产品需求，产品与市场需求分析方法，从概念到产品的需求分析过程四个方面进行梳理，帮助大学生们初步了解与产品需求相关的基础知识，掌握产品需求的信息采集，分析常用的方法与工具，提升产品高质量研发的能力。

## 第一节　产品需求分析概述

### 一、什么是用户

用户是一种泛称，它可以细分为客户、最终用户和间接用户。购买产品的用户统称为客户，操作产品的用户称为最终用户。客户与最终用户可能是同一个人，也可能不是同一个人。例如，家长购买考试练习集，不是自己用，而是孩子用。在我们设计产品时，首先应考虑给谁使用，来解决什么问题。我们初步有了一个产品的开发思路时，首先要考虑这个产品谁是最终使用者，是婴幼儿，学生，考生，年轻人还是老人，等等。只有明确最终用户是哪类群体，才可能有针对性地实施功能设计、用户体验设计。

针对年轻人晚上不睡早上起不来的问题，很多公司研发了叫醒 App 上线。为了能够抓住用户，研发者不断探索创新，用新颖的功能吸引客户。其中有一款叫醒 App 吸引了不少用户下载体验，其新颖之处在于，用户需要向麦克风使劲吹气，才能停止叫醒。研发者如果不了解不能早起的群体，又如何创造出更加新颖的功能？所以，我们要在自己熟悉或了解的群体实施用户探讨。只有熟知群体，了解他们有无迫切需要解决的问题，才能设计出更有价值的产品。

## 二、什么是产品

产品是为了满足人们特定的需求而生产出来的。产品能够提供给市场，被用户使用和消费，并能满足用户的某种需求。产品包括有形的产品和无形的产品。例如，房子能为人们遮风挡雨，衣服能让人们保暖与遮羞，汽车能让人们移动得更快，外卖和快递让我们的购物、饮食更方便。

美国现代营销学之父菲利普·科特勒在《营销管理：分析、计划、执行和控制》一书中，将产品概念的内涵分为五个层次结构，包括核心产品、一般产品、期望产品、扩大产品和潜在产品。企业依据投资与利润收益等诸多考量在产品定位市场时，针对各类用户实施产品系列方式将投资收益最大化，将用户消费长期化、扩大化。

我们在实施产品创新时，不一定提出一个史无前例的产品，也可以在已有产品的结构、功能、可操作性、可持续性及与环境的匹配性等层面实施创新，提高创新的效率及效果。原有产品受技术、材料、消费习惯等的影响可能已经失去市场需求，但经过创新，赋予产品新的内涵，使其赢得市场、赢得用户也是非常有意义的。

## 三、什么是需求

需求是指在一定时间内和一定价格的条件下，消费者对某种商品或服务，愿意并能够购买的数量。需求与通常所说的需要是不同的。需求的构成要素有两个：一是用户愿意购买，即有购买的欲望。二是用户的购买能力，即有支付能力。两者缺一不可。

我们在生活、学习、工作中时时刻刻会有需求，有些需求会有满足的手段，有些需求不能完全满足，但也不会有太大影响，而有些需求则渴望得到满足，会到处寻找。例如，学生在校园中要学习、要社交，会有各种需求。学习方面，可能在选课、图书馆座席、教师交流、阅读书籍等方面，还有欠缺或烦恼。校园生活方面，许多地方要排队，食堂饭菜是否可口，物流是否畅通，预定的课程或活动能否有提醒，等等。

需求细分可能会有各式各样的需求。如需要、需求、真假需求、客户需求、用户需求、产品需求、设计需求、需求规格、技术需求、非技术需求等。需求与产品的关系是什么呢？产品是为了满足人们的需要而被生产出来的，因为需求的驱动，才会使用户需要产品。

能够创造出好的、适应市场的产品，应该具备的三个核心素质特征是敏锐的市场嗅觉，新技术、新趋势的热情，和不屈不挠的钻研精神，三者缺一不可。

### 四、产品与需求的关系

产品是为了满足人们的需求而被生产出来的。因为需求的驱动，才会使得用户需要产品。用户的需求主要是指出用户想要怎么做，产品需求则更多的是指导产品需要怎么做，并且指导产品完成自身的目标。互联网时代，互联网产品就是通过互联网技术来满足人类的需求。互联网产品的形态有 App、Web 网页、PC 客户端、各种硬件内的软件、AR、VR，等等。因此，我们在进行产品设计时，要利用互联网产品去满足用户的各种需求。例如，肚子饿了，想尽快吃饭，又不用出门，这种快速填饱肚子的用户需求，开发出了产品"饿了么"。闲暇时间，想找好友聊天，这种需要陪伴的用户需求，开发出了产品"微信"。因此，满足需求的本质，就是寻找适合的产品（解决方案），不断解决用户的问题。

产品需求分析就是基于市场需求分析、用户需求分析而实施的。产品或创意种子如果不符合市场需求和用户需求量，即使将产品的功能设计得再多，也是无法创造出价值的。如果产品的功能定位契合市场的某些用户，而又无其他可替代产品，尽管产品功能可能单一，也会获得市场认可。因此，要了解用户，才能了解市场。接下来，便是根据所掌握的技术、资金、时间，来策划产品的设计与生产了。

# 第二节　什么是市场需求

### 一、市场的概念

市场起源于古时人类对于固定时段或地点进行交易的场所的称呼。

狭义上的市场是指买卖双方进行商品交换的场所。

广义上的市场是指为了买和卖某些商品而与其他厂商和个人相联系的一群厂商和个人。市场的规模即市场的大小，是购买者的人数。杰罗姆·麦卡锡在《基础营销学》中，将市场定义为一群具有相同需求的潜在顾客；他们愿意以某种有价值的东西来换取卖主所提供的商品或服务，这样的商品或服务是满足需求的方式。

市场是商品经济的产物，随着商品经济和社会的发展而变化。在如今商品经济环境和互联网发展中，市场的性质发生了深刻的变化。传统经济中的营销单向传递（由卖方向买方）产品信息的模式，逐步演变成一种双向的交互式的需求信息传递模式，即在信息源积极地向用户展现自己产品信息的同时，用户也在积极地向信息源提出自己的需求信息。

根据市场的变化和互联网化市场的特点，应该从顾客的角度定义市场。即市场是由那些具有特定的需求或欲望，而且愿意并能够通过交换来满足这种需求或欲望的全部潜在顾客构成的。菲利普·科特勒对市场细分如下：

（1）潜在市场。潜在市场是由一群体对某个在市场上出售的商品有某种程度兴趣的顾客群体。

（2）有效市场。有效市场是由一群体对某一产品有兴趣、有收入，并且有一定的购物渠道潜在市场顾客组成的。

（3）目标市场。目标市场又称服务市场，是我们决定要在有效市场上追求的那部分，其目标是满足用户的需求。

通过市场细分，有利于明确目标市场，通过市场营销策略的应用，有利于满足目标市场的需要。

## 二、目标市场

著名的市场营销学者麦卡锡提出了应当把消费者看作一个特定的群体，称为目标市场。即目标市场就是通过市场细分后，企业准备以相应的产品和服务，满足其需要的一个或几个购买者群体。例如，现阶段我国城乡居民对手机的需求，可分为低端手机、中端手机和高端手机三种不同的消费者群。

目标市场是对市场的细分，或者说，是对消费主体的细分。只有基于资源与环境等诸多限制来细分消费者主体，有的放矢地实施产品研发，才能推出满足市场需求的产品。因此，产品市场需求分析是基于目标市场的需求分析。

确定了目标市场，才有利于实施产品功能设计，制订市场营销策略等后续创新活动。确定了目标市场，才能判断创新产品的定位是属于目标市场空缺产品、并存产品、还是替代产品，进而策划创新产品的功能及营销活动。

因此，产品需求分析分为三部分。①把握目标市场的主要需求。②确定创新产品的基本特色。③取得目标客户的认同。只有实施产品需求分析，才能确定产品特色，而产品是产品的创新重点，不是产品全部，产品具备了不可代替特色，经过目标市场需求分析的产品特色才能被消费者认可和接受。

## 三、市场需求的概念

市场需求是指，一定的顾客在一定的地区、一定的时间、一定的市场营销环境和一定的市场营销计划下，对某种商品或服务愿意而且能够购买的数量。

市场需求的构成要素有两个。一是购买欲望，二是购买力，两者缺一不可。

（1）购买力。购买力是指取得收入之后购买货品和服务的能力，它反映该时期全社会市场容量的大小。

（2）购买欲望。购买欲望是指消费者购买商品或劳务的动机、愿望和要求，它是使消费者的潜在购买力转化为现实购买力的必要条件，是构成市场的基本因素。

互联网的发展使人们的购买欲望发生了巨大变化，把握变化趋势，至关重要。在实施创新产品市场需求分析时，要根据目标市场消费者购买欲望的差异性，实施产品功能设计，以及产品体验设计。只有基于目标市场需求吻合的消费群体实施产品功能设计，合理定价，才能刺激消费者产生购买欲望。

### 四、影响市场需求的因素

市场需求不仅取决于一种产品的价格，而且还取决于购买者的收入、嗜好、预期，以及相关物品的价格。影响市场需求的主要因素如下。

（1）消费者偏好。消费者的偏好支配着他在使用价值相同或接近的替代品之间的消费选择。但是，人们的消费偏好不是固定不变的，而是在一系列因素的作用下变化的。

（2）消费者收入。消费者收入一般是指一个社会的人均收入。收入的增减是影响需求的重要因素。一般来说，消费者收入增加，将引起需求增加。反之，收入减少，则会导致需求减少。

（3）产品价格。产品价格是指某种产品自身的价格。价格是影响需求的最重要的因素。一般来说，价格和需求的变动成反方向变化。

（4）替代品的价格。替代品是指价值相近，可以相互替代来满足人们同一需要的商品。例如，燃气热水器和电热水器等。一般来说，在相互替代的商品之间，某一种商品价格提高，消费者就会把其需求转向可以替代的商品上，从而使替代品的需求增加，被替代品的需求减少。反之亦然。

（5）互补品的价格。互补品是指使用价值上必须相互补充，才能满足人们某种需要的商品。例如，汽车和汽油、家用电器和电等。在互补商品之间，其中一种商品价格上升，需求量降低，会引起另一种商品的需求随之降低。

（6）预期。预期是人们对于某一经济活动未来的变动趋势的预测和判断。如果消费者预期价格要上涨，就会刺激人们提前购买。如果预期价格将下跌，许多消费者就会推迟购买。

（7）其他因素。例如，商品的品种、质量、广告宣传、地理位置、季节、国家政策等。

其中，影响需求最关键的因素还是该商品本身的价格。

因此，基于上述市场需求的影响因素的分析，合理确立目标市场，把握目标消费群体的购买欲望与购买力，结合创新产品功能设计，使其契合既定目标消费群体，才有可能获得市场认可。

# 第三节　什么是产品需求

## 一、需求及其层次结构

经济学中对于需求的定义，是指在一定时期，在一既定的价格水平下，消费者愿意并且能够购买的商品数量。基于产品的需求，我们可以定义为，需求是指在一定时期，在一定的场景下，为了解决某个问题而激发出用户对于某种目标的渴望。从中我们可提炼出几个关键词：时间、场景、提出者、使用者、方案。例如，用户选择使用微信，"语音通话""信息"的功能满足了节省通信费的心理，"摇一摇"顺应了人们对随机性的好奇心，"朋友圈"满足了每个人都希望获取关注，产生存在感和价值感的需求。因此，需求就是在特定的场景下，用户所产生的问题。

需求包含着多个层次，不同层次的需求从不同角度和不同程度，反映着需求的细节问题。需求应该包括以下三个层次。

（1）企业需求。企业需求是指在一定的战略目标和规划下，估计经过一定的营销努力能占领的最大市场份额。影响产品需求的因素，主要是在一定市场总需求条件下的市场需求份额。它是由企业的产品、服务、价格与竞争者的关系等因素决定的。

（2）用户需求。用户需求是指特定顾客群体为了满足自己有能力的欲望，而要求产品具有的功能。它描述了使用产品可以满足用户要求的基本功能。这些需求通常描述的是产品使用性的主要特征，或者说明了产品应该具有的性能状态和一些特征的基本结构。

（3）技术需求。技术需求是指一个产品研发工作应具备的条件和能力，通过产品实现目标的特性进行描述。它一方面描述了如何通过技术条件生产满足用户需求的产品，另一方面，还描述了产品设计与开发所需要的条件和能力。

由以上从产品需求过程不同角度的分析可以看出：产品的企业需求是由企业高层或市场分析确定的，详细的企业需求可使公司运作目标明确、高效，并具有很强的市场竞争力。用户需求使需求分析者能从中总结出用户对产品的要求，从而完成其市场分析任务。研发人员根据技术需求设计需求产品，实现其必须具有的功能，并占有一定的市场份额。

## 二、需求层次理论

马斯洛需求层次理论亦称为"基本需求层次理论"，是由美国心理学家马斯洛于1943年在《人类激励理论》论文中提出的。该理论将需求分为五种，像阶梯一样从低到高，按层次逐级递升，分别为生理需求、安全需求、情感和归属需求、尊重需求、自我实现需求。另外两种需要：求知需要和审美需要。这两种需要未被列入到他的需求层次排列中。他认为，这二者应居于尊重需求与自我实现需求之间。马斯洛需求层次理论，还讨论了需要层次理论的价值与应用等。

马斯洛五大需求层级是我们进行产品分析，尤其是对用户展开需求分析时，最常用到的需求分析模型。在产品设计的时候，会根据不同的场景去匹配不同的需求层级（图4-1）。

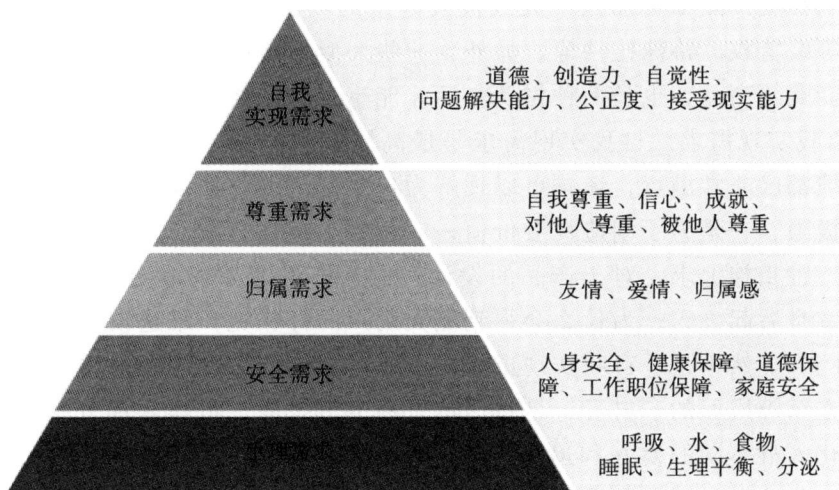

图 4-1　马斯洛需求层次理论

**1. 马斯洛需求层次理论的具体定义概述**

（1）基本需求。满足人们生存和生活的日常基础所需。例如，吃、穿、住、行等。这层需求是推动人产生行动的最强大动力，同时也是配合发生其他需求的最底层基础。例如，人在饥饿时，会考虑觅食行为。于是饿了么、美团外卖公司就是基于这一需求而受到用户青睐。也正因为满足了最底层的需求，此类产品的使用期限应该是长久的。

（2）安全需求。如对健康的担心，对贫困的恐惧，对无知的忧心，都是缺乏安全感的表现。满足人们生存和生活的日常基础所需，如吃、穿、住、行等，在安全感匮乏的同时，内心驱动会促使人们去满足获取安全感的需求。例如，卡片圆角设计，手机圆角设计，桌角的防撞海绵，都是出于安全性而设计。使用金融类 App 产品，登录时对密码的隐藏，退出时按钮的强提示或二次提示，安全验证操作，都是采用的"防错"和"打断机制"来确保用户在使用产品时的安全性。

（3）情感和归属需求。包括友情、爱情、亲情等多个层次。交流和沟通是人类永恒的主题。归属与爱映射到产品中，就是社交，由社交可以再细分出熟人社交和陌生人社交。其中就包含了亲情、友情、爱情等，相关的产品也是层出不穷。例如，抖音的内容社交、微信的熟人社交、支付宝的金融社交，这些都是沟通、交流等。当下市场大部分的产品都倡导"以用户为中心"，很多产品在细节的打磨上都会表现得很人性化。例如，一些社交 App 上有"夜深了，辛苦一天好好休息吧""天冷了，多添衣"的提醒，这类产品能做的就是帮助并增强人与人之间的情感联系，争取在某些方面能够和用户产生情感共鸣，进而让用户感受到归属与爱。

（4）尊重需求。每个人都有被尊重的需求，都希望展现自己，获得人们的认可，尊重与被尊重都存在于社交之中。因此，尊重需求可以深度暗合在社交需求之中。

此大部分的社交产品都会加入个人或他人尊重的场景。例如，一些网游有成就墙、排行榜、等级特权、特殊挂件等。另外，一些大型的商场、超市有会员制度，成为会员后才能购买商品，也是一种付费之后才能享有的被尊重和满足感。

（5）自我实现需求。自我实现需求是最高层次的需求。人们对自己的表现或者获取的成绩都已非常满意，炫耀可以理解为自我实现的外在表现。运动员不断超越自我体能极限，一是为了创造社会价值，二是为了超越自我，是为了追逐梦想，实现梦想的一种精神追求。对于产品的设计，也应该思考如何满足自我实现的需求。例如，抖音是后起之秀，为什么会得到庞大用户的青睐呢？难道仅仅只是满足了前四项需求吗？显然不是。自我实现更多的是体现在创造力和想象力得到满足，这些都是体现在精神层面的。抖音，是在传达一种生活态度，将娱乐和分享相结合，满足了多元化人群不同的爱好和追求。拍照、做视频都是一种展现自我价值的方式。同时，在一些小方向上，自我实现也可以得到满足，如点赞，就是基于社交需求，传达了朋友对自己的尊重和认可，从而获得成就感。同样，Apple、Google这些大型企业，它们不仅仅是一家做手机、做系统的企业。他们的价值更多的是体现在"为全球用户寻求更高效、更舒适的体验方式"而不断努力，产品设计的成功离不开用户关于精神层面的自我追求。

**2. 需求层次的特点**

（1）需求是不变的。这些需求都是与生俱来的，不会随着社会的变革而变化，即需求是不变的，变化的是满足需求的产品。例如，人们渴望有便利的出行方式，于是马车诞生了。随着社会发展，人们开始不满足当下的速度，希望有更高效的出行方式，于是汽车、飞机陆续诞生。如今，人们开始不满足于汽车、飞机的速度。于是，有了磁悬浮等更快速度的交通工具。

（2）越靠近底层，需求越是刚需。围绕底层需求而创造的工具黏性未必高，但一定是生存最久的产品。产品的核心是其解决的需求是不是刚需。

（3）越靠近底层，需求越工具化。越底层的东西，越是平淡无奇，使用起来越是不温不火，需要时才开始使用，是一种工具。例如，高德地图、携程、下厨房等App。而其他基于新鲜的需求，在使用高峰时则万人空巷；低谷时，则门可罗雀。故基于底层的工具类需求，黏性未必最高，但一定是生存最久的。

（4）越是高层需求，新鲜感驱动越明显。由新鲜感驱动的东西比较容易扩散和裂变，可以在非常短的时间内获取大量的用户，但这很难形成强力的黏性。基于新鲜感的需求形成的产品未来如何将用户通过其他工具化的基础需求将其留存，才是未来能否持续稳定生存下去的关键。

## 三、产品需求的内涵

产品需求是产品所有的功能的描述和规划。产品需求是产品的组成部分，也是产品最终达到的目的。通过产品需求的实现，来满足用户的需求。

我们知道产品与价值的关系，只有适合市场需求的产品，才能够创造出价值。因此，如何创造出满足市场需求的产品，是我们学习探索的目标。如果所提供的产品不能满足需求，将无法创造出价值。所以，明确需求是提供产品的第一步。

产品在开发时都有相应的需求规则，将这些规则清晰地描述出来，可以让开发、测试人员能够直观地理解该规则，且不会产生歧义。产品需求应该来源于用户的"需要"，只有产品需求符合用户的需要，用户才会支付费用购买该产品。产品需求反映了用户的购买欲望和购买能力，能否实现用户"愿意买"并且"买得起"，产品需求描述的准确与否，将成为产品研发能否成功的关键。

如果用户对某产品既有购买的欲望，同时又有购买的能力，这就是需求。所谓产品需求就是产品能够符合用户的购买欲望，且能够让用户买得起的需求信息。这些"需要"被分析、确认后要形成完整的文档，该文档应该详细地描述产品"必须或应当"做什么。我们应该反反复复地推敲产品需求文档，判断这些描述的需求是不是客户的真实期待想要购买的。

需求的重要性在于，需求是产品研发、生产的原动力。需求工作的优劣，对产品后续研发及市场推广的影响很大。

# 第四节　市场与产品需求分析方法

## 一、市场需求分析

对于产品推进需要实施需求、供给和综合分析。市场分析的作用是帮助我们发现市场机会，为创新产品成功地打入市场创造条件。为实施市场需求分析，需要从以下三个方面进行研究。

（1）研究消费者。

（2）研究竞争对手。

（3）研究经营环境。

如何实施上述研究呢？一般是通过各种方式实施市场调研、市场分析、市场预测来完成。

### （一）市场调研

#### 1. 市场调研内容

（1）市场环境（容量）现状调查：①需求现状调查（国内市场、国际市场、出口）。②供给现状调查（国内市场供给、国际市场供给、进口）。

（2）产品需求调查。

（3）产品供应调查。

（4）产品价格现状调查。类似产品国内外价格变化状况，价格的合理性，决定价格机制，进出口价格变化。

（5）消费者调查。

（6）竞争力现状调查：①产品在国内外竞争对手的调查、分析。②市场份额、产品生产、管理、营销、商务模式。

**2. 市场调研方法**

（1）观察调查法。通过针对目标市场、目标用户实施追踪信息采集，从侧面了解市场及用户需求情况。例如，交通道路或街道人流的统计、商业区的客户群体统计等。

（2）询问调查法。根据目标市场及目标用户设计调查问卷，组织人力或者通过网络实施问卷调查。

（3）实验调查法。针对特定用户群体组织实施用户体验，获得信息反馈。

（4）抽样调查法。组织目标市场相关群体实施调查、访谈，利用互联网手段，如建立特定的宣传微信公众号，了解关注情况实施分析，通过市场调查认识产品的过去和现在。

## （二）市场分析

**1. 市场分析过程**

（1）定义市场营销中存在的问题，明确市场分析目标。

（2）分析市场中存在问题的影响因素。

（3）收集与研究和目标相关的信息和数据。

（4）处理数据，确定解决问题的最佳方案。

（5）依据最佳方案制订相应的市场营销计划并实施。

（6）对实施方案的评价进行调整和改进。

**2. 市场环境分析**

（1）环境趋势分析。

（2）机会和威胁分析。

（3）产品优势和劣势。

（4）寻求商业机会，避免环境威胁。

**3. 影响市场需求的因素分析**

产品价格、消费者收入水平、消费者偏好、同类产品定价等。

## （三）市场预测

市场预测是指以市场调查获取的信息资料为基础，运营科学的方法，对未来一定时期内市场发展的状况和发展趋势做出的正确估计和判断，认识市场未来。

**1. 市场预测**

（1）市场预测内容。①需求预测。②供应预测。③产品价格变动趋势预测。

④产品市场占有率和寿命周期预测。⑤产品营销范围、方式和费用预测。⑥产品生产所需的资源预测。

（2）市场预测方法。①直观判断法。②趋势外推法。③因果关系法。

（3）市场潜力预测。①需求潜力：指未来市场有多大的能力需求总量。②市场潜在容量：指实际销售量与未满足需求量之和。

**2. 市场预测分类**

（1）按预测范围：宏观、微观。①宏观环境：与产品活动的前提及背景直接相关，间接影响产品活动的各种力量与因素的总和，包括经济、政治法律、社会文化、自然条件、科技发展、人口环境等。②微观环境：对产品运作直接发生影响的市场因素。这些因素与产品的供应链直接发生关联，如产品团队、供应商、竞争对手、客户、渠道、公众等。

（2）按预测时间：短期、近期、中期、长期。

（3）按预测性质：定性、定量。

（4）按预测内容：购买力、需求、供给、资源、价格、市场占有率。

（5）按评估要求：市场潜力、发展趋势。

（6）按预测性质：综合、专项。

通过市场趋势，综合分析探索市场变化的规律，了解消费者对产品的品种、规格、质量、性能、价格的期待，了解市场对某种产品的需求量和销售趋势。

**3. 市场发展趋势预测**

（1）直观判断预测。经营管理人员意见、专家会议、德尔斐法。特点是具有匿名性、反馈性、收敛性。

（2）时间序列预测。通过分析统计数据基于时间变化的需求情况，对未来的市场供应做出预测。

（3）回归预测。分析变量之间相关关系的数理统计方法。

（4）产品寿命周期分析。指新产品试制成功后，从投入市场到被市场淘汰为止的一段时期，一般分为导入期、成长期、成熟期、衰退期。

通过需求量与各因素变量的相关分析、回归分析、结构分析及趋势分析等，估计及预测市场需求量大小。

## 二、产品需求分析

产品需求分析实际是对用户的需求进行分析。用户需求是用户从自身角度出发的需求。这种需求更多的是从自身情况考虑，对于产品的某个功能有自己的期望，但对产品定位、设计的依据等情况不了解，他们的建议也许并不是该功能的最好实现方式。因此，产品需求分析是在需求调查、需求收集的基础上，对产品要解决的问题实施详细的分析，提炼分析用户的真实需求，并提出符合产品定位的解决方案。解决方案可以理解为一个产品，一个功能或一种服务。

通常，产品在明确目标后，无论是产品自身挖掘，用户调研，还是竞争产品分析，最终会收集一大堆需求。很多时候，这些需求表面上看起来都是很有道理的。那么，到底哪些需求是有价值的？哪些需求是用户真正想要的呢？这就要求我们在产品需求分析时，考虑和权衡不同层次的需求内容。需求按类别分类如下。

**1. 业务需求**

业务需求是指客户对系统、产品高层次的目标要求、产品目标、规模、范围。它描述了业务方为什么开发这样一个产品，希望达到什么样的目的，市场或商业上的目标是什么，相对比较宏观。例如，滴滴打车的业务需求是解决人们的出行问题。这个商业逻辑在计算机时代可能不成立，但是，在如今移动互联网时代，随着智能手机的普及，催生了这个产品巨头。

**2. 用户需求**

用户需求是指用户使用该产品期望解决的问题。它描述了用户使用产品必须完成的任务，即用户想达到的目标，通过怎样的系统操作可以实现，以及实现的操作路径，怎样通过产品功能体现出来。例如，滴滴打车，用户的需求很简单，就是想简单方便地打到车。在以前打出租车需要在路边等待招手，寒冷的冬夜有可能等一个小时也见不到出租车。如今，用户实现了随时随地通过 App 叫车的便捷服务。

**3. 功能需求**

功能需求是指产品的功能满足用户的需求。它描述了产品开发人员必须实现的功能，给用户提供处理能力，使得用户能完成他们的任务，从而满足了业务需求。例如，滴滴打车，用户想实现叫车，得有让用户可以叫车填写地址、时间等信息的功能和界面，司机得有能看到叫车订单和抢单的功能，得有地图实时显示车的位置功能等。这些功能的集合实际上就是产品。

**4. 非功能需求**

非功能需求是指产品的有效性、高效性、灵活性、可靠性、安全性等。它描述了产品的展现给用户的行为和执行的操作等通用型需求，包括产品必须遵从的标准、规范和约束，操作界面的具体细节和构造上的限制。这些需求有时候是整个产品的基础，但常常又不会直观地体现出来等。例如，滴滴打车，用户发出叫车的信息后，具体通知哪些司机，如何实现将司机与乘客进行最优距离的匹配？或者 10个人一起叫车和 100 万人一起叫车，是否都可以很顺畅？司机的报酬通过平台提现的安全性，等等。这些都是非功能需求。

在实施产品需求分析时，要应用加减法对采集的需求信息进行梳理，去除无意义的需求信息，挖掘出真正的产品需求。在实施需求信息整理、分析时的要点如下：

(1)用户需求的判断。产品需求分析时，要利用专业知识、经验，通过客观事实来判断用户的描述信息，提炼有价值的需求信息，排除无意义、不可实现的需求信息，从而获得清晰的客户需求信息。如果产品所满足的需求对于用户来说是重要的、迫切的，那么，产品的价值就是大的，用户就需要它。反之，如果产品所满足的需求不重要、不迫切，那么，产品对于用户的价值就有限，产品必然会慢慢被用户所遗弃。

（2）用户需求的权衡。用户选择一个产品，并不是被单一的需求所驱动的，而是一个需求组合。在需求组合里，各个需求的权重是不同的。在进入产品设计阶段之前，应将用户的所有需求进行权衡，放弃一些矛盾、不实际或价值较小的需求。需求分析就是要根据产品的愿景、设计理念，围绕最终实现的功能目标实施需求筛选。例如，一个"天气预报"网站，它的主要功能模块通常会包括"未来三天天气预报""实时天气""城市搜索切换""穿衣、运动等生活指数"，分别用于满足用户"了解未来天气""了解当前天气""查询多个城市天气""获取相关生活建议"的需求。

## 三、利用 5W2H 法梳理需求信息

在市场需求分析及产品需求分析时，如果能够按 5W2H 法梳理需求信息，完善产品思路和概念，就会使产品需求更加贴近市场需求和用户需求。用 5W2H 法梳理清晰产品涉及的七个问题，逐一解答出这些问题，才能精准地把握需求得到满足市场和用户的真实需求。

（1）What：用户目标是什么？产品目标是什么？企业目标是什么？

（2）Who：谁是用户？谁是目标用户？他们有什么特征属性？

（3）Why：为什么？为什么要这么做？理由何在？原因是什么？

（4）When：用户在什么时候会用？使用的场景处于什么时间段？

（5）Where：用户在何处使用？（使用场景所处位置，如公交、地铁、办公室、户外等）

（6）How：怎么做？如何提高效率？如何实施？方法怎样？用户会怎样使用？

（7）How Much：做到什么程度？当作核心功能做深做透，还是只是浅浅地做？

5W2H 法发明者，用五个以"W"开头的英语单词和两个以"H"开头的英语单词进行设问，发现解决问题的线索，进行设计构思，从而搞出新的发明项目，这就叫作 5W2H 分析法。此外，5W2H 分析法还可以检查原产品的合理性，找出原产品的优缺点，设计新产品，扩大原产品独特优点的效用。5W2H 分析法的优势如下：①可以准确界定、清晰表述问题，提高工作效率。②有效地掌控事件的本质，完全抓住事件的主骨架，把事情打回原形思考。③简单、方便，易于理解、使用，富有启发意义。④有助于思路的条理化，杜绝盲目性。有助于全面思考问题，避免在流程设计中出现遗漏项目的现象。

当提出一个创意种子并形成一个产品概念模型时，如果能够按 5W2H 分析法梳理该产品，完善产品思路和概念，就会使我们的创意种子逐步落地，更加贴近市场需求，更容易接受市场的检验。

## 四、KANO 模型分析法

KANO 模型分析法被称为产品需求分析神器。

任何一个产品都会涉及很多需求。应用 KANO 模型能有效地帮助我们进行系统的需求梳理，分析和提炼需求，提高效率。

KANO 模型是日本东京理工大学的 KANO 教授提出的，是一个典型的定性分析模型。KANO 模型是对用户需求分类和优先排序的工具，以分析用户需求对用户满意度的影响为基础，体现了产品性能和用户满意度之间的非线性关系。KANO 模型将需求分为五种类型，展示了不同类型的需求对用户满意度的影响。KANO 模型分析法一般不直接用来测试用户的满意程度，主要用于识别用户对产品功能的接受度，帮助我们了解不同层次的用户需求，找出顾客和产品的接触点，识别使顾客满意的至关重要的因素。如图 4 - 2 所示为 KANO 模型。

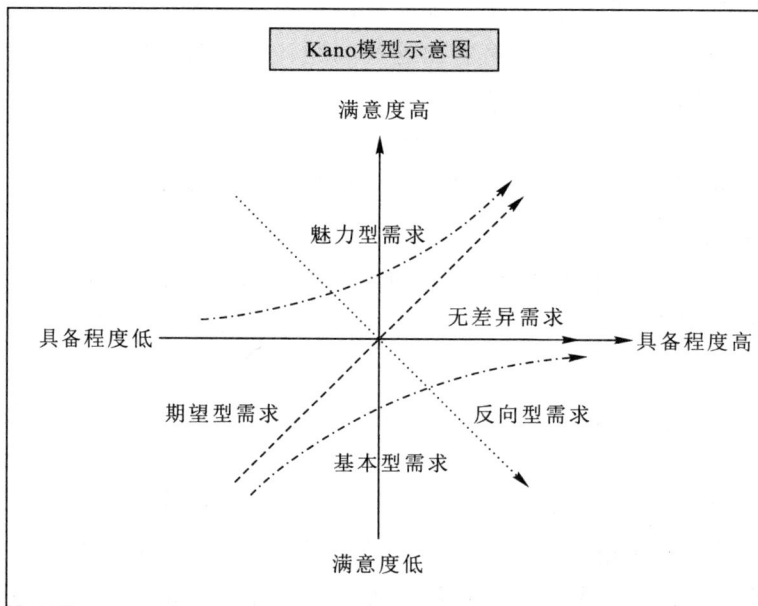

图 4 - 2　KANO 模型示意

### (一)需求类型

**1. 基本型需求**

基本型需求是用户认为产品必须满足的需求，一个产品如果没有此需求，用户满意度会大幅度下降，优化此需求，也不会提高用户满意度。

**2. 期望型需求**

期望型需求并不是用户必须的需求。但是，他们确实非常希望这种需求被满足。一个产品如果有此需求，会提高客户的满意度。如果没有此需求，用户的满意度就会下降。

### 3. 魅力型需求

魅力型需求是指当产品提供给用户一些出乎意料的功能时，用户会产生惊喜。一个产品没有此需求，用户的满意度并不会下降。但是，如果有此需求，则用户的满意度会大幅度提高。

### 4. 无差异型需求

无差异型需求是指无论产品提供或不提供此类需求，用户满意度都不会有所改变。此类需求，有或没有都不会对用户的满意度产生影响。

### 5. 反向型需求

反向型需求是指会引起用户不满的产品功能或特性，用户并不希望它出现，提供后用户满意度反而会下降。此类需求要尽量避免。

例如，我们运用 KANO 模型，对浏览器的用户需求进行分析，可以得到，属于基本型需求的有浏览网页、收藏网址。

属于期望型需求的有网页打开速度快、系统占用资源少、界面简洁、拦截恶意广告等。属于惊喜型需求的有屏蔽网页广告等。属于无差异型需求的有分享、意见反馈、退出前确认。属于反向型需求的有强制弹框广告、推送过多通知等。

我们根据 KANO 模型，将属性分类与用户需求优先级进行对应，以便于实际应用。一般情况而言，在产品设计时，要尽量避免无差异属性、反向属性，着力抓住用户的三种需求：基本型需求（必备属性）、期望型需求（期望属性）、惊喜型需求（魅力属性）。在确保基本需求解决的前提下，为用户提供兴奋点，即期望属性与魅力属性。这三种需求根据绩效指标分类，即基本因素、绩效因素和激励因素。其中处于金字塔底端的为用户基本型需求，也是核心需求，是产品必须拥有的功能。

### (二) KANO 的数据采集和分析

### 1. 设计问卷

KANO 模型的应用，目前最常见的是问卷调查法。通过问卷分别询问用户，如果提供某个功能时，用户的感受，以及不提供某个功能时，用户的感受。KANO 模型调研的每个功能（需求）都有正向和负向两个问题，正向测量的是用户在面对具备这项功能时的满意度，负向测量的是用户在面对不具备这项功能时的满意度。问卷中的问题答案一般采用五级选项，按照"喜欢，理应如此，无所谓，勉强接受，我不喜欢"这五项进行评价。

例如：设计以下问卷：

(1) 针对手机背景颜色将根据用户心情变化而变化，对于此需求你的感受是（　　　）

A. 我很喜欢　　B. 理应如此　　　C. 无所谓　　　D. 勉强接受　　E. 我不喜欢

(2) 针对手机背景颜色将不根据用户心情变化而变化，对于此需求你的感受

是（　　）

A. 我很喜欢　　B. 理应如此　　C. 无所谓　　D. 勉强接受　　E. 我不喜欢

**2. 根据 KANO 模型进行分类**

用户答案和功能的分类对应如表 4 – 1。

表 4 – 1　用户答案和功能分类

| 功能 | | 不提供该功能 | | | | |
|---|---|---|---|---|---|---|
| | | 喜欢 | 理所当然 | 无所谓 | 可以忍受 | 不喜欢 |
| 提供该功能 | 喜欢 | 可疑答案 | 魅力型需求 | 魅力型需求 | 魅力型需求 | 期望型需求 |
| | 理所当然 | 反向需求 | 无差别需求 | 无差别需求 | 无差别需求 | 必备型需求 |
| | 无所谓 | 反向需求 | 无差别需求 | 无差别需求 | 无差别需求 | 必备型需求 |
| | 可以忍受 | 反向需求 | 无差别需求 | 无差别需求 | 无差别需求 | 必备型需求 |
| | 不喜欢 | 反向需求 | 反向需求 | 反向需求 | 反向需求 | 可疑答案 |

**3. 收集数据并清理**

根据问题对用户进行问卷调查，剔除不合理的问卷，收集到可用问卷。在实际的应用过程中，对于用户调查的对象，则需要我们根据产品的功能特性，以及服务对象去划分用户群体，只有好的问卷才能得出最优的决策。

**4. 量化分析（Better – Worse 系数）**

根据每个功能的属性分类百分比对照表，计算出 Better – Worse 系数，表示某功能可以增加满意或者消除很不喜欢的影响程度。

Better 系数 =（期望数 + 魅力数）/（期望数 + 魅力数 + 必备数 + 无差异数）

Worse 系数 = – 1 *（期望数 + 必备数）/（期望数 + 魅力数 + 必备数 + 无差异数）

Better 系数：可以理解为满意系数，Better 的数值通常为正，代表如果提供某种功能属性的话，用户满意度会提升，正值越大越接近 1，表示对用户满意上的影响越大，用户满意度提升的影响效果越强，上升得也就更快。

Worse 系数：可以理解为不满意系数，其数值通常为负，代表如果不提供某种功能属性的话，用户的满意度会降低，值越负向越接近 – 1，表示对用户不满意上的影响最大，满意度降低的影响效果越强，下降得越快。

根据 Better – Worse 系数值，将散点图分为四个象限，以确立需求优先级。图 4 – 3 为四象限图：better – worse 系数分析。

根据 better – worse 系数值，将散点图划分为四个象限。

第一象限表示：better 系数值高，worse 系数绝对值也很高的情况。落入这一象限的属性，称之为期望属性，即表示产品提供此功能，用户满意度会提升。当不提供此功能，用户满意度就会降低，这是质量的竞争性属性，应尽力去满足用户的期望型需求。当不提供此功能，用户满意度就会降低，这是质量的竞争性属性，应尽

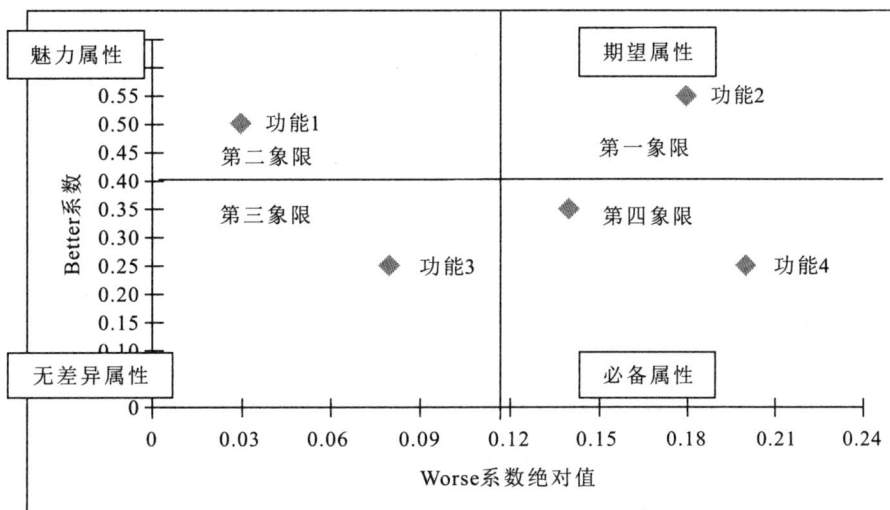

图 4 - 3　四象限图：better - worse 系数分析

力去满足用户的期望型需求。提供用户喜爱的额外服务或产品功能，使其产品和服务优于竞争对手并有所不同，引导用户加强对本产品的良好印象。

第二象限表示：better 系数值高，worse 系数绝对值低的情况。落入这一象限的属性，称为魅力属性，即表示不提供此功能，用户满意度并不会降低，但当提供此功能，用户满意度和忠诚度会有很大提升。

第三象限表示：better 系数值低，worse 系数绝对值也低的情况。落入这一象限的属性，称为无差异属性，即无论提供或不提供这些功能，用户满意度都不会有改变。

第四象限表示：better 系数值低，worse 系数绝对值高的情况。落入这一象限的属性，称为必备属性，即表示当产品提供此功能，用户满意度不会提升。

当不提供此功能，用户满意度会大幅降低；说明落入此象限的功能是最基本的功能，这些需求是用户认为我们有义务做到的事情。

根据最终用户的反馈比例，选出分数最高的一类，确定其需求类型。从中可以看出，第一象限内的功能 2 是期望属性最优的，可以优先做此需求。

# 第五节　从概念到产品的需求分析过程

## 一、产品的概念与需求分析的关系

需求分析是把用户需求通过分析转化成产品需求，最后以产品功能的形式展现出来。需求分析的产出物是解决方案，产品则是解决方案的表现形式和实际载体。

我们应通过需求的详细收集、需求分析、功能分析后，进行产品功能设计，形成产品概念，满足了用户的需求，实现产品的价值。产品设计应从需求信息收集入手，依据采集信息实施需求分析，提炼满足需求的功能，把真实有效的用户的需求转化为符合自身产品理念的需求，实施产品功能设计，进行产品的设计研发。

在产品设计时，要为用户解决核心需求，对于具体产品要明确使用对象和服务对象，先从最小范围的群体开始，对象越具体，需求越明确，产品能较准确地满足用户的需求。产品的设计过程如下：

（1）定义好用户（确定目标市场、产品服务的对象）。

（2）定义好产品（产品构思、解决什么问题）。

（3）实施市场调研（国内外有无类似产品、功能服务对象、价格体系）。

（4）分析功能需求（新产品的创新功能，具有竞争力功能）。

（5）分析性能需求（能否满足用户的渴望，体验感如何）。

产品设计过程需要避免的误区有产品风格缺乏特色、追求功能数量等。设计产品时，产品的功能专注于追求性能是十分重要的，市场竞争的成败，往往也是由产品性能决定的。遵循少就是多的原则，只关注用户的核心需求，把它做到完美、极致，是留住用户的基本原则。

## 二、需求在产品研发中的重要性

需求分析在产品中占有重要的地位，决定着产品研发后被用户接纳的程度，也是产品研发项目成败的关键。随着计算机软件业快速发展，在很长一段时间里，人们一直认为，软件需求分析是整个软件工程中最简单的一个步骤。但如今，越来越多的人认识到，需求分析是整个工程中关键的一部分。假如在需求分析时，分析者们未能正确地认识到顾客对目标软件在性能、功能、设计等方面的需求，系统运行将满足不了用户的需求，那么，最后的软件系统的功能质量存在漏洞，或者软件系统无法在规定的时间内完工。

有关需求错误的代价的课题，有专门机构实施调研分析。美国专门从事跟踪 IT 项目成功或失败的权威机构 Standish Group，通过对 2.3 万个项目进行研究的结果表明，28% 的项目彻底失败，46% 的项目超出经费预算或超出工期，只有约 26% 的项目获得成功。而在这高达 74% 的不成功项目中，有约 60% 的失败是源于需求问题。也就是说，有近 45% 的项目最终因为需求的问题导致失败。

在 Standish Group 的报告中，总结了导致项目失败的最重要的八大原因中，其中有五个都与需求相关。

（1）不完整的需求（13.1%）。

（2）缺乏用户的介入（12.4%）。

（3）不实际的客户期望（9.9%）。

（4）需求和规范的变更（8.7%）。

（5）提供了不再需要的（7.5%）。

反之，项目取得成功的影响因素如下。

（1）用户的参与（15.9%）。

（2）管理层支持（13.9%）。

（3）清晰的需求描述（13.0%）。

（4）合适的规划（9.6%）。

（5）现实的客户期望（8.2%）。

（6）较小的里程碑（7.7%）。

（7）有才能的员工（7.2%）。

大部分人进行需求分析的方法是调研和数据。需求是用户提出的，每个需求的提出者，通常会站在自己的角度提出需求，会经常误把自己有限认知内想得到的解决方案当作是需求。这就要求分析者要正确理解需求的内容，准确把握需求的重要程度。对于一个产品，需求分析是收集用户需求；过滤掉不合理的需求；给出需求的优先级；进行需求分析；跟进需求的进度。因此，需求分析是产品设计的上游环节，需求分析决定着研发的产品是否能够真正满足用户的需求。

## 三、CampusVision 产品需求调查与分析

某信息系统公司准备面向高校推出一款能够由各高校自由组装、扩充方便的校园教育平台系统——"校园视窗（campus vision）"，简称为 CV 产品。

**1. CV 产品的特点**

（1）可运用多种媒体手段（PC、手机、邮件电子显示屏等）发布信息。

（2）可与其他教务、教学系统链接（数据共享接口）。

（3）可跟踪（回馈）信息。

（4）可定制个性化信息。

（5）可与电子显示屏连接（可选性）。

（6）可模板设计（专门化的信息导入界面）。

（7）可分级管理（构成不同的受信群体）。

该平台能够弥补已有类似平台所欠缺的校内外信息共享定制功能。但是，存在如该产品如何推向市场、如何定位、如何销售等诸多课题。因此，企业希望通过实施市场调研的方式，进行产品需求分析工作，能够确定 CV 产品能否直接面向高校导入，什么样的二次开发才能够满足高校的需求，公司如何制订市场营销策略、产品定价、服务模式等这三个课题。

公司组织团队通过市场调查的形式获取市场第一手信息，通过采集的信息实施市场需求分析，判断 CV 产品是否推向市场，以何种方式推向市场。

**2. CV 产品市场需求调查的主要内容**

（1）国内高校现状。

（2）国内高校教育平台系统需求调查。

（3）学校信息化建设状况。

（4）高校教育平台市场情况分析。

调查由 10 名大学生就北京地区 12 所高校实施了调查问卷，对面向学生的调查问卷、面对教室和高校信息推进部门的调查问卷进行汇总。此外，公司员工还就两所高校实施深入访谈调查及有关高校信息发布、信息获取的相关现状实施调研。最终基于调研数据实施分析整理，形成《CV 产品市场需求调查分析报告》。

根据市场需求调研分析，CV 产品如果推向市场，除了已经具备的教学信息发布，还要在企业招聘信息、兼职信息、考试成绩信息及翻转课题教育等方面进行强化，才能够具备差异化优势，得到市场认可。

据此分析报告提交公司实施产品投资审议、判断。应用市场调查方式虽然简单，但是，可以直接接触最终用户，了解产品需求的长短。通过市场调查分析的信息，也为后续产品升级完善奠定了基础。另外，通过市场调查，也可获得熟悉该领域的信息系统开发商，为产品后续研发提供了合作伙伴渠道信息。

# 第五章

# 创业计划书与路演技巧

创业计划是创业者叩响投资者大门的"敲门砖"，是创业者计划创立业务的书面摘要。一份优秀的创业计划书往往会使创业者达到事半功倍的效果。创业计划书是一份全方位的商业计划，其主要用途是递交给投资商，以便于他们能对企业或项目做出评判，从而使企业获得融资。它是用于描述与拟创办企业相关的内外部环境条件和要素特点，为业务的发展提供指示图和衡量业务进展情况的标准。通常，创业计划是结合了市场营销、财务、生产、人力资源等职能计划的综合体现。

本章就创业计划、创业计划书、创业大赛的内容进行论述。

## 第一节　创业计划书的内容

### 一、创业计划书的内涵与作用

#### （一）创业计划书的概念与内涵

创业计划书又称为商业计划书，是创业者在初创企业成立之前，就某一项具有市场前景的新产品或服务，向潜在投资者、风险投资公司、合作伙伴等游说，以取得合作支持或风险投资的可行性商业报告。它用于描述创办一个新企业时所有的内部和外部要素。创业计划通常是各项职能计划，如市场营销计划、生产和销售计划、财务计划、人力资源计划等的集合。同时，也是提出创业的头三年内所有中期和短期决策制度的方针。创业计划书的编写一般是按照相对标准的文本格式进行，是全面介绍公司或项目发展前景，阐述产品、市场、竞争、风险及投资收益和融资要求的书面材料。有了一份详尽的创业计划书，就好像有了一份业务发展的指示图一样，它会时刻提醒创业者应该注意什么问题，规避什么风险，并最大限度地帮助创业者获得来自外界的帮助。

创业计划书可以是短期的，也可以是长期的；可以是操作性的，也可以是战略性的。既有争取资金投入的创业计划书，也有争取他人合伙的创业计划书，还有争取政府、创业园与银行支持的创业计划书。不同的创业计划书服务于不同的职能，但所有的创业计划书都有一个重要目的，即在快速变化的市场环境下，为创业者提供创业行动指南：准备做什么？为什么做？谁来做？怎么做？能做得怎样？会遇到什么困难？通过创业计划书各部分的阐述，使阅读对象相信，新企业是有优势和价值的，如果提供相应的创业资源支持，盈利是理所当然的事。

## （二）创业计划书的作用

一份标准的创业计划书至少有以下三方面的作用。

### 1. 帮助创业者自我评价，厘清思路

在创业融资之前，创业计划书首先应该是给创业者自己看的。办企业不是"过家家"。创业者应该以认真的态度对自己所有的资源、已知的市场情况和初步的竞争策略，做尽可能详尽的分析，并提出一个初步的行动计划，通过创业计划书做到使自己心中有数。另外，创业计划书还是创业资金准备和风险分析的必要手段。对初创的风险企业来说，创业计划书的作用尤为重要，一个酝酿中的项目往往很模糊，通过制订创业计划书，把正反理由都书写下来，然后再逐条推敲，创业者就能对这一项目有更加清晰的认识。

### 2. 帮助创业者凝聚人心

有效管理一份完美的创业计划书，可以增强创业者的自信，使创业者明显感到对企业更容易控制，对经营更有把握。因为创业计划书提供了企业全部的现状和未来发展的方向，也为企业提供了良好的效益评价体系和管理监控指标。创业计划书使得创业者在创业实践中有章可循。创业计划书通过描绘新创企业的发展前景和成长潜力，使管理层和员工对企业及个人的未来充满信心，并明确要从事什么项目和活动，从而使大家了解将要充当什么角色，完成什么工作，以及自己是否胜任这些工作。因此，创业计划书对于创业者吸引所需要的人力资源，凝聚人心等，具有重要的作用。

### 3. 帮助创业者对外宣传，获得融资

创业计划书作为一份全方位的项目计划，它既是对即将展开的创业项目进行可行性分析的过程，也是在向风险投资家、银行、客户和供应商宣传拟建的企业及其经营方式（包括企业的产品、营销、市场及人员、制度、管理等各方面），在一定程度上，也是拟建企业对外进行宣传和包装的文件。此外，好的创业计划书还可能有机会取得政府的扶持。一份完美的创业计划书不但会增强创业者的信心，也会增强风险投资家、合作伙伴、员工、供应商、分销商对创业者的信心。而这些信心，正是企业走向创业成功的基础。

## 二、创业计划书的内容与格式

虽然企业的创业计划书不一定需要一个固定的模式，但其编写的内容与格式还是相对标准化的。这些格式涵盖了一个创业计划书最需要回答的问题，得到了众多专家和实践者的一致公认。

一家企业自身的创业计划书和一份给潜在投资者递交的创业计划书，可能在形式上或诉求重点上都略有差异，但其实质和根本功能应该是完全一致的。

大致而言，任何一个创业计划书都必须仔细审视并分析描述企业的目标，所处的产业和市场，所能够提供的产品和服务，会遇到的竞争对手的管理和其他资源，如何满足顾客的要求，长期优势，以及企业的基本财务状况和财务预测。至于如此重要的创业计划书究竟应该由谁来编制完成，主要视企业规模大小而定，但一般都是由企业核心成员研讨形成，必要时还可外聘专业顾问来进行协助。

下面，我们以一个完整的范例来描述创业计划书。

### （一）封面和目录

创业计划书封面要看起来，既专业，又可提供联系信息。如果递交给投资人，最好能够美观、漂亮并附上保密说明，而准确的目录索引，能够让读者迅速找到他们想看的内容。

### （二）行政性总结

这是一个非常重要的纲领性前言，主要是概括介绍企业的来源、性质、目标和策略，产品和服务的特点，市场潜力和竞争优势，管理队伍的业绩和其他资源，企业预期的财务状况及融资需求等信息。

### （三）企业描述

对企业的历史、起源及组织形式进行介绍，并重点说明企业未来的主要目标（包括长期和短期），企业所提供的产品和服务的知识产权及可行性。这些产品和服务所对应的市场，以及当前的销售额，企业当前的资金投入和准备进军的市场领域及管理团队与资源。

### （四）市场分析

描述企业定位行业的市场状况，指出市场的规模、预期增长速度和其他重要环节，包括市场趋势、目标客户特征、市场研究或统计、市场对产品和服务的接受模式及程度，要让投资者相信，这个市场是巨大且不断增长的。

### （五）竞争分析

明确指出与企业竞争的同类产品和服务，分析竞争态势和确认竞争者信息，包括竞争者的身份、来源和所占据的市场份额，他们的优点和弱点，最近的市场变化趋势等。同时，认真比较企业与竞争对手的产品和服务，在价格、质量、功能等方面有何不同，解释企业为什么能够赢得竞争。

### (六)产品和服务

列举企业当前所提供的产品和服务的类型，以及将来的产品和服务计划，陈述产品和服务的独到之处，包括成本、质量、功能、可靠性和价格等，指出产品所处生命周期或开发进展。如果本企业的产品和服务有独特的竞争优势，应该指出保护性措施和策略。

### (七)财务计划

财务计划包括企业的实际财务状况、预期的资金来源和使用、资产负债表、预期收入(利润和亏损状况)，以及现金流量预测等。这部分内容是创业计划书的关键部分，制订过程中最好寻求会计师和其他专业人士的帮助。财务预测的设想总是先于实际的数字，所以预测要现实合理并且可行。

### (八)附录

这部分应附上关键人员的履历、职位，组织机构图表，预期市场信息，财务报表，以及创业计划书中陈述的其他数据资源等。

## 三、创业计划书的撰写原则与技巧

### (一)创业计划书的撰写原则

一份好的创业计划书往往能够吸引潜在的投资者的特别关注。如果计划书不完善或漏洞百出，就好比发现饭里有只虫子，很容易使人倒胃口。如果创业计划书语言流畅，充满激情和睿智，有严密的调查数据支撑，少见外行话，那么，阅读者很容易把这些优点与创业者本人的能力联系起来。因此，在将创业计划书递交投资者或其他利益相关人员审阅前，要力求做到简明扼要，条理清晰，内容完整，文字通畅，表述精确，即遵循以下撰写原则。

**1. 计划力求简洁清晰**

阅读创业计划书的人往往惜时如金，他们可能会有意无意地通过你对自己企业的描述做出判断。因此，创业者对新创企业的介绍务必做到简洁、结构清晰。一般创业计划书的篇幅内容(不包含附录)以不超过50页A4纸为宜。

**2. 排版装订尽量专业**

目录、实施概要、附录、图表、正确的语法、各部分的合理编排及美观整洁，是高质量创业计划书的表现之一。也就是说，装订和排版印刷不能粗糙，用订书钉装订的创业计划书看上去很业余，要尽量做到专业。切记不能出现语法、逻辑、修辞、印刷及拼写错误。

### 3. 捕捉读者兴趣点

要想在五分钟内激发投资者的兴趣，让投资者产生欲罢不能的感受，就要在扉页和实施概要上下功夫，把它们写好。

### 4. 让计划充满憧憬

创业者在撰写计划时，要善于使用鼓舞人心的词语，描述企业的发展趋势和前景，描绘未来的打算，说明产品所蕴含的巨大潜力和即将带来的较大收益。

### 5. 避免言过其实

销售潜力，收入预测估算，增长潜力都不要夸大，好的创业计划书应以其客观性说服阅读者。一份创业计划书写得像一份煽情广告，会大大降低计划书的可信度。最好的、最差的、最有可能的方案，都要在计划书中体现出来。实际上，许多风险投资者常使用一种"计划折扣系数"（projection discount factor），认为"成功的新创企业通常只能达到他们计划财务目标的50%左右"。

### 6. 突出关键风险因素

创业计划书中涉及的关键风险是投资者、银行家，以及其他投资者最敏感、最关注的部分。在创业计划书中，既要陈述创业者的危机管理能力，也要让他们觉察到这些风险。同时，对这样的创业者团队来讲，这些风险是可以驾驭和控制的。

### 7. 发送优秀创业者团队的信号

撰写创业计划书的管理部分，一定要让阅读者接收到创业者团队具有较强的管理能力和资源整合能力的信号。这个信号是潜在投资者最想收到的信息。

### 8. 准确描述目标市场

撰写目标市场评估分析时，应当把如何区分目标市场的情况描述清楚，目标市场是企业利润的来源。这部分计划是营销、财务等计划能否表达清楚的关键。

### 9. 有的放矢地投送创业计划书

针对不同的阅读者应调整创业计划书的侧重点。实施概要计划一般为2~5页，涵盖大多数信息，主要用来满足投资者的兴趣和寻找战略合伙人；完整的创业计划书一般为25~35页，主要吸引潜在投资者、战略合作伙伴和买方；企业运营计划一般长达40~100页，主要针对企业内部阅读者，是企业的经营蓝图，为管理者提供运营指导。

总的来说，有经验的投资者、潜在的商业伙伴和关键职位应聘者，不是靠臆测或憧憬来做出判断，而是用事实数据评价企业的前途。最吸引他们注意力的是可行性评估结论，以及对独特的商业模式所产生的竞争优势的描述。如果商业模式仅仅建立在预测未来前景的基础上，显然，这样的计划很难让他们心潮澎湃，心甘情愿地进行投资或加盟。

此外，常见的创业计划书的撰写原则还有以下内容。

（1）开门见山，突出主题。创业计划书的目的是获取资源，创业者应该避免与主题无关的内容，要开门见山，直入主题，不要浪费时间和精力来写一些与主题无关，对读者来说毫无意义的内容。此外，编制创业计划书还要考虑阅读对象的因素。目标读者不同，他们对创业计划书的要求和兴趣不一样，创业计划书的内容和侧重点也应有所不同。

（2）简明扼要，通俗易懂。创业者必须认识到，创业计划书不是文学作品，也不是学术论文，飞扬的文采、深奥的专业术语，不仅不能打动目标读者，反而不利于他们阅读和理解创业计划书。因此，创业计划书的语言应该简单明了，尽量避免专业术语，只要能够表达清楚自己的观点即可，不要过分渲染。

（3）结构完整，内容规范。创业计划书是一种很正式的规范性文件，在结构和内容上都有要求。创业者在撰写创业计划书时，最好有一份优秀的创业计划书作为样本进行参考。一方面，在结构上必须完整，创业计划书的各部分都应该论述到。另一方面，在内容的表述上要做到规范化、科学化，财务分析最好采用图表描述，形象、直观。此外，创业计划书还应该注意格式和排版，避免拼写错误。

（4）观点客观，预测合理。创业计划书中的所有内容都应该实事求是，力求通过科学的分析和实地调查，来表达观点和看法，尤其是市场分析、财务分析等部分不应夸大。对于市场占有率、销售收入、利润率等指标的预测，要做到科学合理，数字尽量准确，最好不要做粗略的估计。

（5）展现优势，注意保密。为了获得阅读者的支持，创业计划书还应该尽量展现自身的优势，如先进的技术、良好的商业模式、高素质的创业团队等。但是，创业者还要注意保护自己，对于一些技术和商业机密进行保护，是合理的、必要的。在实际操作中，通常会在创业计划书中加一条保密条款来保护自己。

### （二）创业计划书的撰写技巧

创业计划书的撰写是有明确目的的，创业者在撰写创业计划书时，应根据阅读者的不同，确定撰写重点。一般而言，可根据以下"七要、七不要"来撰写。

**1. 创业计划书撰写"七要"**

（1）力求表述清楚、简洁。

（2）关注市场，用事实和数据说话。

（3）解释潜在顾客为什么会掏钱购买你的产品或服务。

（4）站在顾客的角度考虑问题，提出引导他们进入你的体系的策略。

（5）在头脑中要形成一个相对比较成熟的退出策略。

（6）充分说明为什么你和你的团队最适合做这件事。

（7）要声明公司的目标。

**2. 创业计划书撰写"七不要"**

（1）对产品/服务的前景过分乐观，令人产生不信任感。

（2）数据没有说服力，如拿出一些与产业标准相去甚远的数据。

（3）导向是产品或服务，而不是市场。

（4）对竞争者没有清醒的认识，忽视威胁。

（5）选择进入的是一个拥塞的市场，企图后来者居上。

（6）使用含糊不清或无事实根据的陈述。例如，简单粗略地说："在未来两年会翻两倍。"在没有数据分析和支撑的情况下，不切实际地得出一些判断。

（7）没有仔细挑选最有可能的投资者，而是滥发材料，浪费资源和时间。

## 四、市场调查的内容和方法

创业的首要任务是进行市场调查。通过市场调查可以使创业者了解行情，明确目标市场，分析竞争对手，找出自己的优势，从而确定创业的经营思想和策略。

市场调查的主要内容因企业的性质不同而异，主要应从以下四个方面进行叙述。

### （一）市场调查的内容

在进行市场调研时，千万要记住花些时间同实际上的潜在客户接触。你可以采用采访和调查的方式，去接触潜在的顾客、供应商，这是最为有效、快速和可靠的方法。要设计调查问卷，并将调查的结果分析成一份 1 ~ 2 页的提要。要重视数据计量，如现有顾客数量，他们愿意为产品或服务支付的价格，你的产品或服务给这些顾客带来的经济价值等。

研究认为，创业者应该至少与 10 位潜在的顾客进行沟通，潜在顾客一般是企业与终端用户之间的个人和组织。这样，才能提出相对可信的收入模型。当然，具体访谈人数会因行业不同有而有所差异。在访谈中，涉及的问题主要有以下四点。

（1）你们在生产产品或提供服务的过程中，尚未解决的最大问题是什么？

（2）你们现在使用的技术是否限制性很大？

（3）如果你们拥有这种新技术，将会如何使用它？

（4）什么样的技术创新能够满足你们的价值需要？

有关消费支出的资料，是该地区消费活动的直接指标，也是创业者最关心的指标之一。据此，可以了解每个人或每个家庭的消费支出情况，包括消费内容、消费水平、消费习惯等，以作为创业经营的重要依据。

### （二）对竞争对手的调查

市场经济存在着不可避免的竞争，对竞争对手的调查，显得尤为重要。调查竞争对手的目的在于，了解竞争对手的情况，分析竞争形势，从而避免盲目创业造成经济上的损失。首先，要从与拟创业活动性质、经营项目相同的行业开始。调查内容包括与拟创业活动的经营性质、经营项目大体相同的企业数量及规模大小。这些企业在行政区域的地理位置、经营情况及今后发展趋势如何等。其次，对直接竞争者进行调查，调查内容包括与自己企业处于同一位置的同类型企业有多少，或与自己经营范围和目标、服务对象相似的企业有多少，为竞争对手提供商品或原材料的企业有哪些等。此外，还要注意了解竞争对手经营成功的因素，或造成惨淡经营的原因，这对将来自己创业的经营决策十分重要。最后，调查潜在的对手，是否有其他创业者计划在拟创企业地理位置周边开设同类企业。总之，要最大限度地掌握竞争对手的情况，使自己在创业过程中处于优势地位。

### （三）经营的外部环境调查

对经营外部环境的调查，可以增强自身创业的信心和勇气。外部环境调查的主要内容包括政府所发布的对本类企业有关的法规、政策、税收及其他规定。当地经济发展水平、发展方向、工农业生产情况。原材料、劳动力资源、能源的供应情况及其来源的稳定性。交通、旅游、港口和城市建设动态信息。自然气候、地理条件、治安状况等。企业在创建后将面临一个瞬息万变的市场，要求创业者通过社会调查及媒体途径获得大量创业信息，认真研究分析创办企业的可行性，评估新企业产品（商品或服务）在市场上的销路，进而决定是否将这一创业项目付诸实践。

### （四）市场调查的方法

#### 1. 文献法

文献法就是通过查阅文献获得所需要信息的一种调查方式，是创业者普遍采用的一种方法。信息时代的到来使得信息传播的渠道日益通畅，人们获取信息的方式也趋于多样化。例如，政府和经济管理部门公布的有关资料，各种经济信息中心、专业信息咨询机构、统计部门、行业协会公布和保存的市场信息，媒体报道资料，图书馆的藏书资料和电子资源，行业或企业年鉴及企业公开发布的产品说明书、报告、报表等。以上信息往往丰富且容易获得，是文献调查的主要信息来源。

文献法的基本步骤一般包括文献收集、信息摘录、文献分析三个环节。利用这种方法，可以使创业者获得丰富的二手资料，对创业目标行业的基本情况做初步的了解。使用这种方法要注意选取的文献内容要具有针对性，文献数量要相对充足，文献形式要全面多样，文献时序要前后连续，重视原始资料的收集，获取的信息尽量求新，对文献进行必要的鉴别。

#### 2. 问卷法

问卷法是调查者运用统一设计的问卷向被选取的调查对象了解情况或征询意见的调查方法。调查问卷分为封闭式问卷、半封闭式问卷和开放式问卷三种。

（1）封闭式问卷。不仅提出问题，而且列出可供选择的答案，具有便于调查者根据自己的调查目的设计问题，和调查资料的统计分析，及被调查者填写问卷方便、节省时间等优点。

（2）开放式问卷。只提出问题，不列出答案，由调查对象根据自己的情况自由填答。开放式问卷一般在市场初期创业者不清楚市场情况，或不能提供可预测的结果时使用。在开放式问卷中，被调查者可以充分发表自己的意见，不受任何限制。同时，调查者也可得到更多生动、具体、丰富的市场信息。

（3）半封闭式问卷。兼有封闭式问卷和开放式问卷的特点，既列出答案，又留有被调查者自由回答的空间。通常有两种形式。在选择答案中增加"其他"选项；在列出的答案后加上了动机、理由类问题。

使用问卷法时要注意问卷设计须科学合理，调查内容要紧紧围绕调查的主题，问卷不宜过长。同时，要注意对设计好的问卷进行预测，并对预测的结果进行一定的分析检验后，再进行正式的调查。

**3. 访谈法**

访谈法是由访谈者根据调查研究所确定的要求和目的，按照访谈提纲或问卷的形式，通过个别访问或集体交谈的方式获取信息的一种调查方法。

# 第二节　路演需要准备的资料

一场成功的展示光有激情澎湃的演讲，是肯定不够的。试想，一位评委一天要评审七八个项目，只进行简单演示说明的项目展示，必定难以脱颖而出。一般评委听完三个项目展示后，就会渐渐出现疲劳，会极大地影响评委对后面项目的评审。基于此，只有耳目一新的展示，才能更好地激发评委们对你们项目的兴趣。为了让评委能够更好地熟悉展示内容，每一个项目的展示不能仅仅依靠陈述，而需要结合多种展示手段，多渠道、全方位地展示创业项目。通常在展示过程中能用到的展示手段有视频、实物（产品、模型）、幻灯片（PPT）、宣传品等。

**1. 视频**

视频可以大幅度增强视觉信息的传递效果，提高信息传递效率。这是仅凭口头演讲无法达到的效果。在一个展示过程中，视频是比较常用的，同时，也可以多次应用，在开场、展示各环节、结尾都可以使用。开场视频一般都可以很好地打开场面，渲染出展示环节的气氛，吸引评委的眼球，引起评委和观众的共鸣，让他们更容易理解项目背景。

**2. 实物（产品、模型）**

实物一般指实际产品、模型，具有极强的说服力和吸引力，"百闻不如见"的俗语，十分确切地证明了实物在展示过程中的作用。

实物展示主要有两类。一是产品功能效果的展示，二是技术原理的说明。实物展示有利有弊。其优点在于增加了真实性，提高项目的可信度，让评委能够更好地了解产品。缺点在于产品实物若存在问题，则会起到反作用，让项目在评委眼中大打折扣。这些问题包括产品实际功用与宣传资料不符，产品外表不美观等。此外，实物展品的使用还要考虑到现场展示的可行性，如产品的体积、重量是否方便搬运，展示过程是否简单易行，是否会影响正常演讲展示的进行等。

### 3. 幻灯片（PPT）

PPT 展示是最关键的部分，也是必不可少的部分，对整个展示的效果起着非常重要的作用，所以，对于 PPT 展示的策划不能掉以轻心。PPT 策划主要可分为以下两部分。

（1）PPT 风格。要符合整个展示的主基调，要与之前的创业计划书和所有的宣传品统一。所以，最初在选定项目整体风格时，要注意选择与行业、产品性能优势、企业文化特点等相符合的风格。保持整份创业计划书当中的所有元素都有一致的风格，一致的基调，可更好地反映团队的精神风貌，也可以体现项目特点。这样能给评委留下一个比较专业的印象。总体来说，就是要实现形式和内容的统一，使其符合行业、公司的特点，又增添一些创新性元素。幻灯片的风格主要有两部分：背景和版式。

（2）PPT 的内容安排。主要是指每一张 PPT 展示内容的安排和布局。有两点需要引起参赛队伍注意：①PPT 首页设计要美观，在一致性的基础上增添团队和项目个性设计，参赛队伍也可以直接将创业计划书封面设计改造成 PPT 的首页。②需要确定的是一个整体展示的思路，按一般的展示顺序进行。通常有以下几部分：问题引出、产品（服务）介绍、公司战略、市场分析、营销组合、财务分析、风险控制。通常情况下，需要在每部分之前加入一张提纲型 PPT，便于向评委展示一个清晰的思路。

有了这样的展示思路，再根据前面所设计的 PPT 风格和版式，结合要具体展示的内容，将所有的内容落实到每一张 PPT 上，这样就可将所有需要展示的内容根据展示的模块来分类。同时，还要根据需要安排展示手段，如图片表格、视频、现场演示等，来辅助展示的进行，给评委留下深刻印象。

### 4. 宣传品

在创业竞赛中，一个好的创业项目应该有一整套完善的宣传方案，将整个公司团队和经营策略等信息传达给评委。只有全方位地让评委了解、接触项目，才有助于他们发现该项目的价值和亮点，同时也有助于塑造良好的团队形象。宣传品作为一种辅助手段，在选择时要牢牢把握以下五个原则。

（1）经济性。宣传品的应用最重要的就是要考虑其经济上可行与否，切不可为不经济的创意浪费人力、物力。尤其在参赛团队时间和精力有限时，更要选择经济可行的宣传品辅助展示。否则，宁可舍弃宣传品展示。

（2）一致性。宣传品的风格、内容和创意需要与整个创业计划书的理念以及创业团队的特点结合起来，形成一致，达到"宣传中有产品""宣传中有创业理念"的整体效果。

（3）专业性。宣传品务必要体现出相对的专业性，从专业的角度去设计，考虑其宣传效果，要给评委留下专业的感觉，不可以随便设计、任意策划。否则，适得其反。

（4）实操性。宣传品不仅追求创意，其更重要的是，在这种创意的基础上，能否被付诸实施。天马行空的创意，如果无法将其实物化，也是徒劳的。

（5）适量性。宣传品不在于多而在于精，一味地追求数量而忽略其质量，不可能取得预期的效果，反而有可能适得其反。

# 第三节 路演的步骤与技巧

## 一、路演的四个步骤

路演的四个步骤分别是设定目标、听众利益、头脑风暴及内容结构。

**1. 设定目标：确定路演目标**

项目路演的本质是商务演讲。商务演讲的本质是说服听众，使听众理解你的观点，赞同你的观点，付出你期待的行动。与此对应，路演目标也分三个层次，分别是传递信息、说服听众（评委/投资人）接受你的观点，激发听众行动（投钱）。准备前，先仔细想想：你的路演目标想达到哪一步？不过，想要实现更高层次的目标，需要先达到低级的目标。

创客小丹在准备融资路演，我们明确了他的三层目标：传递信息层面。目标是让人了解你创业项目的市场前景、商业模式等情况。接受观点层面。目标是让人觉得你的项目有优势，确实能赚到钱，将来大有可为，前途和钱途都十分广阔。激发行动层面。目标是让听众（投资人）行动起来，乐意为你投钱，顺利获得融资。

**2. 听众利益：始终聚焦听众的利益**

为什么有些路演让人听得想打瞌睡、玩手机呢？很大的原因是听众觉得你讲的内容，跟他没有关系。路演的每一部分，甚至每一句话，都和听众利益联系起来。例如，你直接告诉听众，你的这款手机用的××的CPU，性能参数是××，运行速度多么多么快……可这又怎样？这都是从自身角度讲的，很难打动听众。如果你换一个角度讲：能安装 N 个像"王者荣耀"这样的大型游戏，能放 N 个多大的视频，仍能快速切换应用，能为你节约很多时间，等等。这才是紧紧围绕听众切身利益的演讲。听众的利益高于一切，路演才能打动听众。

**3. 头脑风暴：用头脑风暴梳理内容**

很多人是直接设计一个结构，再把内容填进去。准备过程中，我们常常会突然想到新的内容，再调整、塞进去，很容易推翻原定的结构，从头再来。可这样做效率很低。我们可以用"头脑风暴"的方法来准备素材，先罗列内容，再进行逻辑整理。先把跟路演相关的内容都写在便笺纸上，把能想到的观点、要点、内容全部写下来。为什么用便笺纸？因为便笺纸能让我们随时根据需要进行调整。

**4. 内容结构：设计内容结构**

把内容全部罗列好，就可以梳理逻辑，设计结构了。那么，路演该用什么样的结构？演讲想让人听得简单明了、一目了然，最好的结构应该是线性结构。短短的几分钟内，用一根线（主旨）把几个点（要点和内容）串起来。

## 二、路演的技巧

在路演中，企业应当如何快速抓住听众的注意力？一个经典的公式：路演 = 提出问题 + 解决方案。

这个公式非常重要，不管是乔布斯，还是雷军、贾跃亭等人，所有的路演大师都是遵循这个公式而进行了一场场成功的路演。

在路演中，路演者只需要做两件事即可。第一件事，告诉听众，你的项目是针对什么问题的。第二件事，你提出的解决方案是什么。

以室内装修设计为例，路演者必须向听众提出现在装修行业或者设计行业存在的问题。例如，有五大问题，这五大问题要抓住听众的五大痛点，说到他们的心坎里。然后针对这些问题，提出你的解决方案，听众自然买账。

**1. 路演要围绕着以下四个问题展开**

（1）我们是做什么的。告诉听众，企业是做什么的，这是听众们关心的最基本问题。

（2）我们解决了客户的什么问题。企业要告诉听众，为客户解决了什么问题。这个问题必须是企业对整个行业的研究和对消费者的洞察之后得出的结论。

（3）我们如何与众不同。这个问题的关键在于告诉听众，企业与其他同行业在哪些方面是不同的，企业的核心竞争特色是什么。

（4）和我有什么关系。这是最重要的问题，告诉听众，企业的路演内容与听众有什么关系，听众为什么要关注企业的路演。

**2. 路演需要注意以下五个方面**

（1）用讲故事的方式。把市场需求和解决方案形象生动地讲出来，比反复论证那些所谓的事实更加具有说服力。告诉投资人目标用户是谁、项目如何启动、为什么你比其他创业者优秀，以及一份清晰明了的财务预测。这对投资人来说，一点儿都不枯燥。

（2）说而不是念。不要把PPT上的内容原原本本地念给投资人听，不然投资人会感到非常无聊。就算再紧张，你也要面对着投资人讲解项目。

（3）避免使用"被过度使用"的词语。不要再使用这些词语了！每个创业项目都会成为"具有破坏性的"伟大事业？"市场领先的""病毒式暴发的""至关重要的"……这些词语让投资人想起几十年前，每款软件为了表明自己对用户的友好性，均使用过的词语。

（4）别在路演的时候频频抱怨。"没错，很有可能这些数字搞错了，但是，这毕竟是财务出的数据，而且投资人们正在考虑换一个财务。"这些话语听起来是否很不靠谱？

（5）少用形容词。简简单单地告诉投资人，你的项目面对的是哪些用户？解决的是哪些需求？投资人自然会给你的项目定下形容词。

路演，打开了外界了解企业的最重要和最直接的一扇窗户，是国内外诸多企业实现融资的高速公路。通过路演，实现创业项目与投资人的零距离对话、平等交流、专业切磋，促进创业项目与投资人的充分沟通和加深了解，最终推动融资进程。

# 第四节  语言表达及训练方法

## 一、路演的语言表达

学会如何将路演内容有效地表达给听众，也是路演者必学的重要技巧之一。有相当一部分的路演死于路演者不能正确地表达路演内容，这对于路演者而言，不失为一种有遗憾的失败。总结路演的失败表达，大概可以归纳为以下五种。

（1）准备不充分。路演之前没有事先准备完善，导致路演时内容要点不足，不能清晰地表达自身的逻辑思维与关键信息。或者是没有排练定型，导致在路演舞台上因各种意外因素插播而造成语无伦次的情况，影响发挥。

（2）表达方式不当。一切准备有序，但却用了不适当的表达方式，由此造成听众的不理解或者误会，从而失败。例如，本身应当以肯定语气表述的内容，却用了疑问句，凸显了自己的不自信。本来想表达自己的期望，却表达成了命令。路演者对听众的表达方式不恰当，就与家长不能恰当地向孩子表达自己的想法而容易造成误解类似。

（3）不注意听众的反应。这一类表达失误是经常出现的一种。路演者自顾自地在台上路演，却丝毫不注意听众的反应，不与听众互动。听众感受不到存在感与重视，当然也不会将注意力放在路演者或者路演项目上，路演也就不了了之。

（4）时间、地点不恰当。这种错误往往出现在路演准备的一开始。要避免这种错误，路演者在开始的准备工作中，就应该做好市场与听众调研，合理地安排路演的时间与地点。

（5）错误的肢体语言。肢体语言不只要用，而且要会用，恰当合理地运用。要想解决表达的问题，其实非常简单，不用头痛医头，脚痛医脚，治标治本才是关键，配方只有"三味药"：①第一味药，精确。不论路演的内容是什么，让表达用词最精确，理解呈现唯一性，也就是除了你表达的这个意思，不会联想到其他任何意思。②第二味药，简单。简单到傻瓜都能听懂，精确到只有一种解释，任何人的理解都不会偏离轨道，那么，路演者的表达也就不存在问题。③第三味药，标准化。标准化的目的是，为路演者和听众双方能够达成共识提供平台。对于路演者表达的问题，听众能够感同身受，双方共识感强烈。

## 二、提高语言表达能力的训练方法

（1）训练自己的逻辑思维。有条理，有层次，尽量抓住重点，简单明了地表达。

（2）没有想法的时候不说，有想法的时候慢说；没有决定的时候少说，有决定的时候短说。

（3）最有效的方法就是跟着新闻读，为什么是新闻呢？一是因为新闻语言表达标准到位，没有混乱的网络用语；二是因为新闻一般都是三五句话讲完一件事，逻辑清晰，不拖沓啰唆，对于训练表达过程中的语言逻辑能力有很大的帮助。

（4）①少说话是指少说废话，把话说在关键处，让对方感受到你的心意；②学会用眼神、肢体语言。适当表达你的情绪和关心，懂你的人自然懂；③多尝试，多练习。

（5）推荐反复观看 1993、1997、1999 三届国际大专辩论赛，对提高逻辑和语言组织表达能力非常有用。

（6）"金字塔原理"锻炼逻辑思维和结构化表达，多观察别人的说话技巧和方式，然后抓住机会表达和练习。

（7）无关紧要时，不想说就不说。一定要说时，想清楚你的观点，你想做什么，说话对象是谁，场合是否适宜说。

（8）尽量慢点儿说，不要着急，把要说的事情分清主次，开始的时候尽量只是阐述事实，少加入个人观点，慢慢好了再加入观点，同时也多听听别人怎么说的。

（9）读书之后做笔记，第一次要求写上万字，之后依次递减，最后把一本书缩短为几百字或者一句话（最好挑名著）。

（10）要学会模仿，可以多参与一些群体性表达游戏，类似狼人杀。模仿别人的表达方式，既锻炼了思维能力，又锻炼了语言表达能力。

# 第六章

## 企业的创办

习近平总书记在党的二十大报告中指出,"加快建设世界一流企业"。

加快建设世界一流企业,要以创新领先引领世界一流,形成一批引领全球行业技术发展的领军企业。加快建设世界一流企业,有利于提升国家经济实力、科技实力和国际竞争力,有利于以中国力量引领全球产业发展和技术创新,推动世界经济社会发展。想要创业,就必须要了解创办一家新企业的方法、要求和其他一些关键问题。这需要大学生遵循国家和有关部门制定的法律法规,在法律法规许可的范围内创办新企业。充分了解新企业注册的必要程序与关键性步骤,注册新企业所需要考虑的法律和伦理问题,以及新企业选址的影响因素等。

此外,大学生创业者还需要认识到新企业获得社会认同的必要性及其基本方式。这些都是大学生创业者在创办新企业时必须面对的。

## 第一节　企业注册流程及相关文件的提交

当创业者有了明确的创业计划,并且做好资金、人员、场地、技术、设备等多方面的准备工作后,就进入了企业的初创阶段。在公司正式成立运营前,需要先完成公司工商登记注册审批,领取营业执照。如果企业从事的是特殊性质的经营活动,还必须有相关部门的批准文件。在企业注册之前,创业者须了解企业法人注册的相关法律条例,如《中华人民共和国企业法人登记管理条例》等法规。新创企业在设立之后,还必须进行税务登记,要了解企业应该缴纳的税种,如企业所得税、增值税等,还须了解与税务相关的一些法规常识。

### 一、一般企业注册流程

#### (一)企业册的总体流程

大体来说,企业注册需要经过以下流程:①企业名称预先核准;②设立验资账户，资金入账；③出具验资报告；④办理营业执照；⑤刻制印章；⑥办理组织机构代码证；⑦办理税务登记证；⑧开设银行基本户；⑨申领发票。

**（二）企业注册时提交材料说明**

（1）办理企业名称预先核准，或者企业登记（备案）等业务，可以登录国家市场监督管理总局，或者登录中国企业登记网，及所在地工商行政管理局门户网站，从首页"表格下载"栏目下载相关登记（备案）申请文书，按照登记（备案）申请文书所附填写要求填写。

（2）提交的登记申请文书其他申请材料应当使用 A4 型纸。

（3）提交材料未注明提交复印件的，应当提交原件；提交复印件的，应当注明"与原件一致"并由申请人签署，或者由其指定的代表或共同委托的代理人加盖公章或签字。

（4）提交材料涉及签署，未注明签署人的，自然人由本人签字，法人和其他组织由法定代表人或者负责人签字，并加盖公章。

**（三）企业名称预先核准提交材料规范**

（1）《企业名称预先核准申请书》应当载明企业的名称（可以载明备选名称）、住所、注册资本、经营范围、投资人名称或者姓名、投资额和投资比例、授权委托意见（指定的代表或者委托的代理人姓名、权限和期限），并由全体投资人签名盖章。

（2）《企业名称预先核准申请书》上，应当粘贴指定的代表或者委托的代理人身份证复印件。

**（四）有限责任公司设立登记提交材料规范**

（1）《公司登记（备案）申请书》。

（2）《指定代表或者共同委托代理人授权委托书》及指定代表，或委托代理人的身份证件复印件。

（3）全体股东签署的公司章程。

（4）股东的主体资格证明，或者自然人身份证件复印件。

股东为企业的，提交营业执照复印件：股东为事业法人的，提交事业法人登记证书复印件；股东为社团法人的，提交社团法人登记证复印件；股东为民办非企业单位的，提交民办非企业单位证书复印件；股东为自然人的，提交身份证件复印件；其他股东提交有关法律、法规规定的资格证明。

（5）董事、监事和经理的任职文件（股东会决议由股东签署，董事会决议由公司董事签字）及身份证件复印件。

（6）法定代表人任职文件（股东会决议由股东签署，董事会决议由公司董事签字）及身份证件复印件。

（7）住所使用证明。

(8)《企业名称预先核准通知书》。

(9)法律、行政法规和国务院决定规定设立有限责任公司，必须报经批准的，提交有关的批准文件或者许可证件复印件。

(10)公司申请登记的经营范围中，有法律、行政法规和国务院决定规定，必须在登记前报经批准的项目，提交有关批准文件或者许可证件的复印件。

### （五）股份有限公司设立登记提交材料规范

(1)《公司登记(备案)申请书》。

(2)《指定代表或者共同委托代理人授权委托书》及指定代表，或委托代理人的身份证件复印件。

(3)由会议主持人和出席会议的董事签署的股东大会会议记录(募集设立的提交创立大会的会议记录)。

(4)全体发起人签署或者出席股东大会或创立大会的董事签字的公司章程。

(5)发起人的主体资格证明，或者自然人身份证件复印件。

发起人为企业的，提交营业执照复印件；发起人为事业法人的，提交事业法人登记证书复印件；发起人股东为社团法人的，提交社团法人登记证复印件；发起人为民办非企业单位的，提交民办非企业单位证书复印件；发起人为自然人的，提交身份证件复印件；其他发起人提交有关法律法规规定的资格证明。

(6)募集设立的股份有限公司，提交依法设立的验资机构出具的验资证明。涉及发起人首次出资是非货币财产的，提交已办理财产权转移手续的证明文件。

(7)董事、监事和经理的任职文件及身份证件复印件。依据《公司法》和公司章程的规定，提交由会议主持人和出席会议的董事签署的股东大会会议记录(募集设立的提交创立大会的会议记录)、董事会决议或其他相关材料。其中，股东大会会议记录(创立大会会议记录)可以与第三项合并提交；董事会决议由公司董事签字。

(8)法定代表人任职文件(公司董事签字的董事会决议)及身份证件复印件。

(9)住所使用证明。

(10)《企业名称预先核准通知书》。

(11)募集设立的股份有限公司公开发行股票的，应提交国务院证券监督管理机构的核准文件。

(12)法律、行政法规和国务院决定规定设立股份有限公司必须报经批准的，提交有关的批准文件或者许可证件复印件。

(13)公司申请登记的经营范围中，有法律、行政法规和国务院决定规定，必须在登记前报经批准的项目，提交有关批准文件或者许可证件的复印件。

### （六）分公司设立登记提交材料规范

(1)《分公司登记申请书》。

（2）《指定代表或者共同委托代理人授权委托书》及指定代表，或委托代理人的身份证件复印件。

（3）公司章程复印件（加盖公司公章）。

（4）公司营业执照复印件。

（5）分公司营业场所使用证明。

（6）分公司负责人的任职文件及身份证件复印件。

（7）分公司申请登记的经营范围中有法律、行政法规和国务院决定规定，必须在登记前报经批准的项目，提交有关批准文件或者许可证件的复印件；分公司的经营范围不得超出公司的经营范围。

（8）法律、行政法规和国务院决定规定设立分公司必须报经批准的，提交有关的批准文件或者许可证件复印件。

## 二、企业注册详解

### （一）企业名称预先核准

为了避免企业在筹组过程中因名称的不确定性带来的混乱，提高注册的效率，我国实行企业名称预先核准制度，即在公司正式申请设立登记前，预先将公司拟定的名称按照规定，向登记注册机关提出申请。根据国家市场监督管理总局发布的《企业名称登记管理规定》第六条规定："企业名称由行政区划名称、字号、行业或者经营特点、组织形式组成。跨省、自治区、直辖市经营的企业，其名称可以不含行政区划名称；跨行业综合经营的企业，其名称可以不含行业或者经营特点。"这一规定明确了行政区划名称、字号、行业或者经营特点、组织形式是构成企业名称的四项基本要素。

企业名称中的行政区划名称应当是企业所在地的县级以上地方行政区划名称。市辖区名称在企业名称中使用时，应当同时冠以其所属的设区的市的行政区划名称。开发区、垦区等区域名称在企业名称中使用时，应当与行政区划名称连用，不得单独使用。企业名称中的字号是构成企业的核心要素，应当由两个以上的汉字组成，如"美的""同仁堂"等。有投资关系或者经过授权的企业，其名称中可以含有另一个企业的名称或者其他法人、非法人组织的名称。企业名称中应当使用符合规范汉字。企业名称不得有下列情形：损害国家尊严或者利益；损害社会公共利益或者妨碍社会公共秩序；使用或者变相使用政党、党政军机关、群团组织名称及其简称、特定称谓和部队番号；使用外国国家（地区）、国际组织名称及其通用简称、特定称谓；含有淫秽、色情、赌博、迷信、恐怖、暴力的内容；含有民族、种族、宗教、性别歧视的内容；违背公序良俗或者可能有其他不良影响；可能使公众受骗或者产生误解；法律、行政法规，以及国家规定禁止的其他情形。

申请企业名称预先核准，应当由全体出资人、合伙人、合作者（以下统称投资人）指定的代表或者委托的代理人，向有名称核准管辖权的工商行政管理机关提交

《企业名称预先核准申请书》。《企业名称预先核准申请书》应当载明企业的名称(可以载明备选名称)、住所、注册资本、经营范围、投资人名称,或者姓名、投资额和投资比例、授权委托意见(指定的代表或者委托的代理人姓名、权限和期限),并由全体投资人签名盖章。《企业名称预先核准申请书》上应当粘贴指定的代表或者委托的代理人身份证复印件。

以上文件需投资人签署的,自然人投资人由本人签字,自然人以外的投资人加盖公章。工商行政管理机关在收到企业的申请材料后,按照程序进行审核,对申请材料齐全、符合法定形式的,一般会即时做出核准或驳回的决定。核准的发放《企业名称预先核准通知书》;驳回的发放《企业名称驳回通知书》。

### (二)设立验资账户

资金入账在领取到《企业名称预先核准通知书》后,即可将各股东的身份证明文件带到银行开设公司临时验资账户,按照公司章程里确定的出资人、出资金额及出资比例,各股东将注册资本以现金或转账的形式存入账户。需要注意的是,股东在缴存投资款时,应在银行进账单或者现金缴款单上的"款项用途"中标明"某某(股东名称)投资款"。所有资金到账后,银行出具询证函、进账单及对账单(加盖隔天日期的印章),说明所有出资人的资金缴存情况,并将这些材料寄到验资的会计师事务所。

### (三)出具验资报告

验资即验证企业资本,是指注册会计师依法接受委托,对被审计单位的实收资本(股本)及其相关资产,负债的真实性、合法性进行的审验。验资报告是会计师事务所或审计事务所及其他具有验资资格的机构出具的证明资金真实性的文件,具有法律效力。根据《公司法》及有关规定,企业办理设立登记应当由法定的验资机构出具验资报告,证明其注册资本已经到位,企业具有承担民事责任的能力。委托人委托验资机构验资,须按照规定办理委托手续,填写委托书。

股东既可以用货币出资,按照上述办法将资金存入银行临时验资账户,也可以用实物或无形资产出资。但是,需要将该部分实物或无形资产交由具有评估资格的资产评估机构评估,并将评估报告交给会计师事务所,依法办理财产权的转移手续。需要注意的是,以实物资产作价投入的,所作价投入的实物资产不得超过公司注册资本的50%;以无形资产作价投入的,所作价投入的无形资产不得超过公司注册资本的20%。办理公司验资报告,需提供以下相关文件:《企业名称预先核准通知书》;公司章程;股东身份证明,个人股东提供身份证,法人股东提供营业执照;银行询证函、进账单及对账单;经营场所房屋租赁合同;验资机构要求提交的其他文件。会计师事务所在收到资金到位证明后,将会核发验资报告,一式三份,并连同相关办理材料一起交予委托人,作为申请注册资本的依据。

### (四)办理营业执照

在领取到验资报告后，可向工商机关提交以下资料办理公司设立登记手续：公司法定代表人签署的《公司设立登记申请书》；全体投资人签署的《指定代表或者共同委托代理人的证明》及指定代表或委托代理人的身份证明；全体股东签署的公司章程（股东为自然人的由本人签字，自然人以外的股东加盖公章）；股东主体资格证明或者自然人身份证明；依法设立的验资机构出具的验资报告；股东首次出资是非货币财产的，提交已办理财产权转移手续的证明文件；《企业名称预先核准通知书》；经营场所房屋租赁合同；公司设立登记主管机关要求提交的其他文件。

工商行政机关接收企业申请材料后，对资料进行审核，经核实资料齐全、符合法定形式的，当场受理并发给《企业登记受理通知书》，公司代表或代理人可在三个工作日内缴费并领取营业执照；申请资料齐全、符合法定形式但材料仍需要核实的，决定予以受理，同时书面告知申请人需要核实的事项、理由和时间；申请材料若存在可当场更正的错误，允许当场更正；申请材料不齐全或不符合要求的，应当场或在五日之内一次性告知需补正内容。领取企业法人营业执照时，需按注册资本总额的0.8%缴纳设立登记费；注册资本超过1000万元的，超过部分按0.4%缴纳；注册资本超过1亿元的，超过部分不再缴纳。

### (五)刻制印章

待工商机关颁发营业执照后，可凭营业执照、法人身份证明、经办人身份证明、法人签署的授权委托书、单位证明及刻章申请书（详细列明须刻印章的名称、数量及附上印章样模），到所属地区公安分局治安科办理印章备案手续，待公安局开具"刻章许可证"后，到指定的具有印章刻制资格的印章社刻制印章。公司印章是指刻有单位名称且一经盖章，即代表单位名义的印章，包括单位公章、法人代表印章、财务专用章及其他专用章等。

### (六)开设银行基本户

单位银行结算账户按用途不同，可分为基本存款账户、一般存款账户、临时存款账户和专用存款账户四类。

其中，基本存款账户是存款单位办理日常转账结算和现金收付的主办账户，企业生产经营的日常资金收付，以及工资、奖金的支取，均可通过该账户办理。按人民币银行结算账户管理办法规定，一家单位只能选择一家银行申请开立一个基本存款账户，开设银行基本存款账户是开立其他银行结算账户的前提。办理单位银行基本存款账户，需持以下资料：营业执照；组织机构代码证；税务登记证；法人身份证明、经办人身份证明；公章、财务章及法人代表私章；开户银行要求的其他文件。企业持以上资料到银行申请开立基本户，开户银行对申请资料进行审查，资料齐全，符合法定形式的，受理业务，并在短期内发放开户许可证。

### （七）申领发票

新企业要申请发票，首先要票种核定。办理纳税人票种核定申请的纳税人，应报送纳税人新办事项申请审批表。税务机关办结期限，需五个工作日办结。再办理发票领购手续，办理发票领购手续的纳税人需报送下列附送资料：发票领购簿；发票专用章（初次领购）。至此，公司完成登记注册的所有工作，可以正式开张营业。

# 第二节　企业组织形式选择

企业组织形式是企业的产权构成形式，也称为企业的法律形态。

随着市场经济的长期发展，按照成员构成、责任形式与法律人格的不同，我国的企业组织形式基本上可以划分为个人独资企业、合伙企业、公司制企业（又分为有限责任公司和股份有限公司）这三种法律形态。新企业创立之初，创业者都要面临企业的组织形式选择问题，而不同法律形态的企业，需要遵守不同的法律、法规与政策条例，以及采取不同的经营管理模式。没有一种组织形式可以普遍适用于所有企业。因此，创业者必须了解各种企业组织形式的特点，并根据自身经济实力与其他各项条件，选择合适的企业形态。

## 一、个人独资企业

**1. 概念**

个人独资企业是指由一个自然人依法出资设立、财产为投资人个人所有并全面控制，投资人以其个人财产对企业债务承担无限责任的经营实体。个人独资企业是一种简单传统的企业形态，由于是投资者个人出资兴办的，因此，企业收入即是他的个人收入，企业的负债即是他个人的负债。

**2. 设立条件**

（1）投资人为一个自然人，而且只能是中国公民。法律、法规禁止从事营利性活动的人，不得作为投资人申请设立个人独资企业。

（2）有合法的企业名称。个人独资企业的名称应当与其责任形式及从事的行业相符合，可以是厂、店、部、中心和工作室等，但不得使用"有限"或"公司"字样。

（3）有投资人申报的出资。设立个人独资企业的投资人可以用货币出资，也可以用实物、土地所有权、知识产权，或者其他财产权利出资。投资人可以个人财产出资，也可以家庭共同财产作为个人出资。以家庭共同财产作为个人出资的，投资人应当在设立登记申请书上予以说明。

（4）有固定的生产经营场所和必要的生产经营条件。

(5) 有必要的从业人员。

### 3. 特点

个人独资企业相对别的企业组织形式，具有其独特的优势。企业设立、转让、解散等程序十分简便，仅需向登记机关办理登记手续即可，法律限制少。国家法律对个人独资企业的最低注册资本没有限制，不需要雄厚的资金即可创办经营。另外，个人独资企业的所有权与经营权合二为一，因而经营方式比较灵活，能够迅速地对市场变化做出反应。出资人对企业经营决策拥有完全的自主权，可以随时对企业经营管理情况进行调整，而不必获得他人的许可，并且独享企业利润。个人独资企业在技术和经营方面易于保护商业秘密，从而维持其在市场中的竞争地位。

它的劣势则在于，个人独资企业是由出资人对企业债务承担无限责任。如果企业经营不善面临破产，债权人有权要求企业主拍卖个人财产，即存在倾家荡产的可能，因而存在较大的风险。由于个人投资者本身财力有限，偿债能力较弱，因而取得贷款的能力较差，难以从事需要雄厚资金支撑的大规模工商业活动，一般规模较小，以中小型企业为主。而企业的重大经营管理事务全由企业主决定，受到其个人素质的制约，素质低的企业主，也难以由其他人员替换，因而企业的长期发展受到限制，经营状况不够稳定。此外，企业的生命力较弱，一旦企业主发生死亡、犯罪等重大意外事件，个人独资企业也将随之消亡。

## 二、合伙企业

### 1. 概念

合伙企业是指自然人、法人和其他组织依照法律，在中国境内设立的普通合伙企业和有限合伙企业。普通合伙企业由普通合伙人组成，合伙人对合伙企业的债务承担无限连带责任。有限合伙企业由普通合伙人和有限合伙人组成，普通合伙人对合伙企业债务承担无限连带责任，有限合伙人以其认缴的出资额为限，对合伙企业债务承担责任。

### 2. 设立条件

(1) 有两个以上的合伙人。合伙人既可以是自然人，也可以是法人。其中，合伙人为自然人的，应当具有完全民事行为能力。另外，国有独资公司、国有企业、上市公司，以及公益性的事业单位、社会团体不得成为普通合伙人。

(2) 有书面合伙协议。《合伙协议》明确了合伙人的权利和义务。它的各项内容构成了合伙企业的内部法律结构，必须依法在所有合伙人协商一致的基础上，以书面形式订立。其内容一般包括合伙企业的名称和主要经营场所的地点，合伙目的和合伙经营范围，合伙人的姓名及住所，合伙人的出资方式、数额和缴付期限，利润分配、亏损分担方式。合伙事务的执行，入伙与退伙，争议解决办法，合伙企业的解散与清算，违约责任。此外，协议中还可标明合伙企业的成立日期、存在期限及合伙人内部产生争议的解决办法，合伙协议的补充与修改，需全体合伙人协商一致。

（3）有合伙人认缴或者实际缴付的出资。合伙人可以用货币、实物、知识产权、土地使用权，或者其他财产权利出资，也可以用劳务出资。合伙人以实物、知识产权、土地使用权，或者其他财产权利出资，需要评估作价的，可以由全体合伙人协商确定，也可以由全体合伙人委托法定评估机构评估。合伙人以劳务出资的，其评估办法由全体合伙人协商确定，并在合伙协议中载明。

（4）有合伙企业的名称和生产经营场所。

（5）法律、行政法规规定的其他条件。

**3. 特点**

与个人独资企业类似，合伙企业的成立较为简便。通常，合伙人之间只要达成一致，即可创立合伙企业。在筹集资金方面，合伙企业出资人相对较多，其筹集资金与获得商业贷款的能力相对较强，又由于合伙企业在法律上并不具备法人资格，普通合伙人对企业债务负无限连带责任，因此，只要其中一个合伙人具有比较高的经济信用，对合伙企业整体信用的提升就能起到较大的帮助。另一方面，合伙企业的债务由合伙人分摊，减少了创业者个人的风险。

另外，相对于个人独资企业的一人独断，合伙企业各出资人在经营管理上能够集思广益，发挥团队合作的力量，提高合伙企业的经营管理水平和市场竞争力。而有限合伙企业的最主要特征是，合伙人只对企业的债务负有限责任，该清偿责任以投资额为限。此外，合伙企业租税负担较轻，其他法律约束也较少。

合伙企业也有着明显的缺点。在普通合伙企业中，无论是因哪个合伙人的过失造成了企业的损失，每位合伙人都必须对债务承担无限清偿责任。因此，投资者承担的风险较大。合伙企业是由多位投资者共同创立，合伙人之间有着契约关系，当其中任何一位离开或者新加入一位投资人，都必须重新确立新的合伙关系，从而造成法律上的复杂性。同时，这种入伙和退伙的严格规定，限制了合伙企业规模的扩大。在合伙企业中，涉及企业经营管理的重大决策，必须获得全体合伙人的一致同意，而各位合伙人权力均等，容易出现意见不一致，可能造成决策上的延误和企业经营效率低下等问题。而合伙人之间的个性冲突、经营理念的不同，以及某个合伙人去世等原因，都是合伙企业趋向解体的因素，使得企业的永续性不强。合伙企业的筹资能力虽然好于个人独资企业，但是，也仅局限于合伙人的财产总和，不能通过发行股票或债券来募集资金，资金来源有限。

## 三、公司制企业

**1. 概念**

公司制企业是指拥有独立资产，能够独立承担民事责任，以其全部资产对公司债务承扣责任，具有法人资格的企业。

目前，我国公司制企业有两种基本的法律形式，有限责任公司和股份有限公司。其中，有限责任公司的股东以其认缴的出资额为限，对公司承担责任，股份有限公司以其全部资产为等额股份，股东以其认购的股份为限，对公司承担责任。

**2. 设立条件**

按照 2018 年新修订的《中华人民共和国公司法》(以下简称《公司法》)规定，设立有限责任公司，应当具备以下条件。

(1)股东符合法定人数，有限责任公司由五十个以下股东出资设立。

(2)股东出资达到法定资本最低限额。有限责任公司注册资本的最低限额为人民币三万元，股东既可以用货币出资，也可以用实物、知识产权、土地使用权等可以用货币估价并能依法转让的非货币财产作价出资，但是，全体股东的货币出资金额不得低于有限责任公司注册资本的百分之三十。公司全体股东的首次出资额，不得低于注册资本的百分之二十，也不得低于法定的注册资本最低限额，其余部分由股东自公司成立之日起两年内缴足。其中，投资公司可以在五年内缴足。

(3)股东共同制定公司章程。公司经营范围由公司章程规定，并依法登记，修改公司章程，或改变经营范围，需办理变更登记。

(4)有公司名称，建立符合有限责任公司要求的组织机构。依照《公司法》设立的有限责任公司，公司名称中需标明有限责任公司或者有限公司的字样，其组织结构由股东会、董事会(执行董事)、监事会(监事)组成。

(5)有公司住所。公司以其主要办事机构所在地为住所，公司住所是法律管辖、送达相关文件的重要依据，在公司设立之初向工商行政机关登记后，不得随意变更。如必须变更，则应办理变更登记。

而设立股份有限公司，则应具备以下六个条件。

一是发起人符合法定人数。应当有两人以上二百人以下为发起人，其中，须有半数以上的发起人在中国境内有住所。

二是发起人认购和募集的股本达到法定资本最低限额。股份有限公司注册资本的最低限额为人民币五百万元。其中，采取发起设立方式设立的，注册资本为在公司登记机关登记的全体发起人认购的股本总额。公司全体发起人的首次出资额不得低于注册资本的百分之二十，其余部分由发起人自公司成立之日起两年内缴足(投资公司可以在五年内缴足)，并且在注册资本缴足前，不得向他人募集股份。采取募集方式设立的，注册资本为在公司登记机关登记的实收股本总额，发起人认购的股份不得少于公司股份总数的百分之三十五。

三是股份发行、筹办事项符合法律规定。

四是发起人制订公司章程，采用募集方式设立的经创立大会通过。

五是有公司名称，建立符合股份有限公司要求的组织机构。依照《公司法》设立的股份有限公司，公司名称中须标明股份有限公司或者股份公司的字样。

六是有公司住所。

**3. 特点**

公司有其独立的法人身份，它能以自身的名义控告他人或者接受控告。这是公司制企业与其他组织形式企业最大的不同所在。另外，公司拥有其独立的资产，它将以企业本身资产来偿还债务，股东只以其投资额为限，对公司债务负有限责任，不影响股东的个人财产。因此，投资者的风险大大减轻。虽然股东是公司的产权人，但是，即使股东发生变动，公司的存在仍然可以不受影响，企业经营具有稳定性和长远发展的可靠基础。公司的所有权与经营权相分离，可以聘任职业经理人来管理企业，而且公司有着明确的管理结构和正规的规章制度，经营管理效率相对较高，有利于增强市场竞争力。

具体来说，有限责任公司与股份有限公司的特点也有所不同。

有限责任公司的股东相对较少，设立手续非常简便，而且公司无须向社会公开经营状况，保密性较强。公司内部机构设置也较为灵活，股东持有的公司股票可以在公司内部股东之间自由转让，若向公司以外的人转让，必须经过股东大会决议。有限责任公司的缺点是不能公开发行股票来募集资金，资金来源有限，公司规模一般较小，难以适应大规模生产经营的需要。

股份有限公司可以通过公开向外发行股票来募集资金，具有良好的筹资能力。因此，一般股份有限公司规模较大，市场竞争力较强。又由于股票易于迅速转让，具有良好的资本流动性，股东们可以通过买卖股票给公司管理者形成巨大的压力，鞭策他们努力提高公司管理水平，维持企业的良好运转。但是，股份有限公司也有一定的缺点。例如，公司设立手续相对烦琐，需要定期向社会公布经营状况和财务状况，商业保密性不强。股东们购买股票只为了从股票升值中获利，对企业长远发展规划并不关心。另外，聘请职业经理人管理企业，会产生复杂的委托代理关系，等等。

# 第三节　与创业相关的法律、法规

创业是一项综合性很强的活动，了解和学习相关的法律、法规是成功创业的必要条件。创业者如果在创业实践中忽视法律问题，会带来很多麻烦和不必要的损失。当然，创业过程所涉及的法律、法规是十分具体而复杂的。

在本节中，我们选取与创业过程联系较为紧密的部分法律法规做介绍，主要包括专利法、商标法、著作权法、反不正当竞争法、合同法、产品质量法、劳动法等。

## 一、知识产权保护

创业者在创建和经营企业的过程中，必须了解和遵守的一个重要法律、法规是关于知识产权的法规。知识产权是人们对自己通过智力活动创造的成果所依法享有的权利。对于创业者来说，应特别注意对知识产权的有效保护，以避免可能造成的损失。知识产权包括专利、商标、版权等，是企业的重要资产知识产权，属于无形资产。无论是专利权、商标权，还是著作权，都具有其本身的财产价值。

同时，它也是许多公司赖以经营的重要手段和条件，尤其对于某些智力密集型的高科技公司，对知识产权这种无形资产的需求，甚至超过了对货币、实物等有形资产的需求。有的公司可能就是为某项专利技术的开发而成立的，有的公司可能就是凭借某种商标或品牌的优势而经营的。一个作品可能成为出版公司重要的经营目标，一个计算机的软件，也可能是某个公司赖以生存的最重要的资源。随着社会生产力的发展和生产方式的变革，知识产权在公司经营中的作用和地位日益突显。知识产权可通过许可证经营或出售，带来许可经营收入。对于创业者来说，了解有关知识产权的法律、法规，一方面，可以依法保护自己的知识产权不被他人侵犯。另一方面，也能避免因无知侵害他人的知识产权而最终导致创业失败。

## （一）专利

专利被用来记述一项发明。在这种状况下，专利发明通常只有经过专利权所有人的许可，才可以被利用。专利制度主要是为了解决发明创造的权利和归属，与发明创造的利用问题。专利权可以有效地保护专利的拥有者。它禁止任何其他人制作、使用、销售该发明专利。

因此，创业者对其个人或企业的发明创造，应及时申请专利，以寻求法律保护，使自己的利益不受侵犯。或者在受到侵犯时，有法律依据提出诉讼，要求侵害方予以赔偿。在中国，1984 年 3 月 12 日颁布了《中华人民共和国专利法》（以下简称《专利法》），并于 1992 年 9 月 4 日进行了修订。2001 年 6 月 15 日国务院颁布了《中华人民共和国专利法实施细则》，自 2001 年 7 月 1 日起施行。

### 1. 专利权的客体

专利权的客体即专利保护的对象，是《专利法》规定的可以获得专利权的科技成果。中国的《专利法》规定，受《专利法》保护的包括发明、实用新型和外观设计。而世界大多数国家，仅把发明作为专利保护的客体，对实用新型和外观设计以其他法律形式给予工业产权保护。

发明是指对产品、方法或者其改进所提出的新的技术方案。它可以分为产品发明和方法发明，全新发明和改进发明，基本发明和从属发明。

实用新型是指，对产品的形状、构造或两者结合所提出的适用的新的技术方案。它有以只限于有一定结构、形状的产品：必须在产业上有实用价值，比发明的创造性低，故而又称"小发明"。外观设计是指对产品的形状、图案或者结合，以及色彩与形状、图案的结合所做出的富有美感并适于工业应用的新设计。它只涉及美化产品的外表和形状，并不涉及产品的创造和设计技术，这是它与实用新型的主要区别。我国《专利法》规定了不授予专利的范围：科学发现；智力活动的规则和方法；疾病的诊断和治疗方法；动物和植物品种；用原子核变换方法获得的物质。

**2. 专利权的主体。**

专利权主体即专利权人，是指依法享有专利并承担与此相应的义务的人。我国《专利法》规定：执行本单位的任务，或者主要是利用本单位的物质条件所完成的职务发明创造，申请专利的权利属于该单位；非职务发明创造，申请专利的权利属于发明人或者设计人。专利申请权和专利权可以转让。因此，在中国，专利申请人包括发明人、发明人的单位，专利申请权的受让人。

**3. 授予专利权的条件**

授予专利权的发明和实用新型，应当具备新颖性、创造性和实用性这三个条件。

（1）新颖性。是指在申请日以前，没有同样的发明或者实用新型在国内外出版物上公开发表过、在国内公开使用或者以其他方式为公众所知，也没有同样的发明或者实用新型由他人向专利局提出过申请并且记载在申请日以后公布的专利申请文件中。

（2）创造性。是指同申请日以前已有的技术相比，该发明有突出的实质性特点和显著的进步，该实用新型有实质性特点和进步。

（3）实用性。是指该发明或者实用新型，能够创造或者使用，并且能够产生积极效果。

授予专利权的外观设计，应当同申请日以前在国内外出版物上公开发表过，或者国内公开使用过的外观设计不相同或者不相近似。

**4. 专利权的申请**

专利申请人向专利局申请专利，须提交以下四种专利申请文件。

（1）请求书。是指专利申请人向专利局正式提出授予专利权和愿望的书面文件。请求书应写明发明或者实用新型的名称，发明人或设计人的姓名，申请人姓名或名称、地址，以及其他事项。

（2）说明书。它是确定权利要求保护范围的依据，是专利申请文件中的最重要的内容。说明书应当对发明或者实用新型做出清楚、完整的说明，以所属技术领域的技术人员能够实现为准，必要时应有附图。

（3）摘要。它对发明或实用新型技术要点进行概要说明，以便于专业技术人员检索。包括所属技术领域、主技术特征以及作用等。

（4）权利要求书。即以说明书为依据，说明要求专利保护的范围。

当有两个以上申请人分别就同样的发明创造申请专利时，中国采用的是"申请优先原则"，美国等国采取"发明优先原则"。

**5. 专利权的保护**

发明和实用新型专利权被授予后，除法律另有规定的以外，任何单位或个人未经专利权人许可，不得为生产经营目的制造、使用、销售其专利产品，或者使用其专利方法，以及使用、销售依照该专利方法直接获得的产品。外观设计专利权被授予后，任何单位或者个人未经专利权人许可，不得为生产经营目的制造、销售其外观设计专利产品。

对发明人来讲，多数人取得专利权并非为自己使用，有偿转让才是行使权力、获得权益的基本方式。在进行有偿转让时，双方需订立书面实施许可合同，被许可人需向专利权人支付专利使用费。被许可人无权允许合同规定以外的任何单位或者个人实施该专利。

对未经专利权人许可，实施其专利的侵权行为，专利权人或者利害关系人可以请求专利管理机关进行处理，也可以直接向人民法院起诉。专利管理机关在处理时，有权责令侵权人停止侵权行为，并赔偿损失。

专利产品是构建企业市场竞争优势的一个重要因素，创业者可以有三种选择来构造这种优势。自己发明并申请专利；对他人的专利产品进行改进；购买他人的专利。

## （二）商标

商标是指在商品或者服务项目上所使用的，用以识别不同经营者所生产、制造、加工、拣选、经销的商品或者提供的服务的，由显著的文字、图形、字母、数字、三维标志和颜色组合，以及上述要素的组合或者其组合构成的标志。在中国，1982 年 8 月 23 日颁布了《中华人民共和国商标法》（以下简称《商标法》），并于1982 年 8 月 22 日进行了第一次修正，2001 年 10 月 27 日进行了第二次修正。

### 1. 商标的功能

商标具有区别、表明产品或服务的来源，表明产品的质量、产量、财产等基本功能。商标是企业将其提供的产品或服务与其他类似产品或服务区别开来的标志，不仅有利于企业推销其产品或服务，也有利于消费者的识别和挑选。

商标可以标示产品或服务的提供者，以避免出现混淆和欺诈，而且还可以据此追踪对产品或服务负有责任的企业和经营者。商标可以表明产品或服务质量的水平及稳定性，可以促使企业提高质量，维护商标声誉，也为消费者选择产品或服务提供了参考。

商标具有广告宣传作用，可以引导和刺激消费者购买。商标及其所代表的质量水平已根植于消费者心目之中，使之对某一种商品形成一定的忠诚度。商标是企业的一种无形资产，具有很高的价值。这种价值体现在独特性和所产生的经济效益上。保护和提高商标的价值，可以为企业带来最大的收益，也是企业的重要战略之一。

正是由于商标具有以上的功能，优秀的企业都将争创驰名商标，把实施名牌战略作为企业长期发展和建立竞争优势的主要手段。

**2. 商标注册**

在中国，国务院工商行政管理部门商标局主管全国商标注册和管理工作。经商标局核准注册的商标为注册商标，商标注册人享有商标专用权，受法律保护。

注册商标包括商品商标、服务商标和集体商标、证明商标。所谓集体商标，是指以团体、协会或者其他组织名义注册，供该组织成员在商事活动中使用，以表明使用者在该组织中的成员资格的标志。所谓证明商标，是指由对某种商品或者服务具有监督能力的组织所控制，而由该组织以外的单位或者个人使用于其商品或者服务，用以证明该商品或者服务的原产地、原料、制造方法、质量或者其他特定品质的标志。集体商标、证明商标注册和管理的特殊事项，由国务院工商行政管理部门规定。

根据中国《商标法》的规定，自然人、法人或者其他组织，对其生产、制造、加工、拣选或者经销的商品，需要取得商标专用权的，应当向商标局申请商品商标注册。自然人、法人或者其他组织对其提供的服务项目，需要取得商标专用权的，应当向商标局申请服务商标注册。两个以上的自然人、法人或者其他组织可以共同向商标局申请注册同一商标，共同享有和行使该商标专用权。

申请商标注册，需按规定的商品分类表填报使用商标的商品类别和商品名称。同一申请人在不同类别的商品上使用同一商标的，需按商品分类表提出注册申请；注册商标需要在同一类的其他商品上使用的，需另行提出注册申请。

任何能够将自然人、法人或者其他组织的商品与他人的商品区别开的可视性标志，包括文字、图形、字母、数字、三维标志和颜色组合，以及上述要素的组合，均可以作为商标申请注册。申请注册的商标，应当有显著特征，便于识别，并不得与他人在先取得的合法权利相冲突。商标注册人有权标明"注册商标"或者注册标记。

申请注册的商标，凡符合法律规定的，由商标局初步审定，予以公告，在三个月内无异议，或经裁定异议不能成立的，始予核准注册。发放商标注册证，并予以公告。

为了开拓国际市场，企业可以申请商标在国外注册。这样，有利于防止他人在国外抢注商标，利于制止他人仿冒等侵权行为，利于企业创世界名牌。

**3. 注册商标的使用**

与专利不同，商标以无限制地持有。中国的商标法规定，注册商标的有效期为20年，自核准注册之日起计算，商标注册人在期满前后六个月内可申请续展注册，过期不提出申请，注销注册商标。每次续展注册的有效期为10年。

注册商标可以转让，转让人和受让人须共同向商标局提出申请，并签订商标使用许可合同。受让人要保证使用该项商标的商品质量，并受转让人的监督。

注册商标的功能和价值体现在其使用上，包括将注册商标用于商品、商品包装或容器，以及商品交易文书，或者用于广告展览及有关的宣传材料上。使用注册商标，应当标明"注册商标"字样，或者标明注册标记。

使用注册商标，不能有下列行为：自行改变注册商标的；自行改变注册商标的注册人名义、地址或其他注册事项，自行转让注册商标；连续三年停止使用。

**4. 注册商标的保护**

注册商标的使用权，以核准注册的商标和核定使用的商品为限。

中国的商标法规定，以下行为为侵权行为：未经注册商标所有人的许可，在同一种商品或者类似商品中使用与其注册商标相同或者相近似的商标；销售侵犯注册商标专用权的商品；伪造、擅自制造他人注册商标标识或者销售伪造、擅自制造的注册商标标识；未经商标注册人同意，更换其注册商标并将该更换商标的商品又投入市场；给他人的注册商标专用权造成其他损害。

商标注册人的商标专用权受到侵害时，有权要求侵权人立即停止侵权行为，消除影响，并赔偿其损失。

对于情节严重、构成犯罪的商标侵权行为，除赔偿被侵权人的损失外，还要依法追究刑事责任。假冒注册商标犯罪具体可分为以下几种。假冒注册商标罪；销售假冒注册商标商品罪；非法制造注册商标标识罪；销售非法制造的注册商标标识罪。

对于驰名商标，国际上有两个公约对其进行特殊保护。一个是中国已加入的《保护工业产权巴黎公约》。另一个是世界贸易组织的《与贸易有关的知识产权协议》。此规定指出，驰名商标应具备三个条件：一是在市场上享有较高的声誉；二是为相关公众所熟知；三是已经核准注册。驰名商标有一定的认定程序和特殊保护措施。

商标的设计、注册、使用、转让和保护，是创业者所面对和需要认真解决的一个问题。

## （三）版权

**1. 版权的一般知识**

版权也称著作权，是指作者对其创作的文学艺术和科学作品依法享有的权利。中国于 1990 年 9 月 7 日颁布了《中华人民共和国著作权法》（以下简称《著作权法》），2001 年 10 月 27 日进行了修正。版权是对作者原始工作的保护，对版权的保护并不是保护构思本身，它允许其他人以不同的方式使用这些构思或概念。版权的客体是作品，包括文学、艺术和科学领域内，具有独创性，并能以某种有形形式复制的智力创作成果。版权的主体即著作权人，是指依照法律规定，对文学、艺术和科学作品享有著作权的人，包括作者和其他依法享有著作权的公民、法人或者其他组织。著作权人的权利，主要包括发表权、署名权、修改权、保护作品完整权等四项权利，以及使用权和获得报酬权两项财产权利。

**2. 计算机软件保护**

计算机软件属于版权保护的作品范畴。中国根据《著作权法》，制定了《计算机软件保护条例》，并于 1991 年 6 月 4 日发布。在该条例中，计算机软件是指计算机程序及其有关文档。根据此条例规定，软件著作权人享有下列各项权利：发表权，开发者身份权，使用权，使用许可权和获得报酬权，转让权。

软件权利的使用许可须依法以签订、执行书面合同的方式进行。被许可人应当在合同规定的方式、条件、范围和时间内行使使用权。软件著作权的保护期为 25 年。期满前软件著作人可以向软件登记管理机构申请续展 25 年，但保护期最长不超过 50 年。

除条例规定的情况外，以下行为构成侵权行为：未经软件著作人同意发表软件作品；将他人开发的软件当作自己作品发表；未经合作者同意，将软件当成自己单独完成的作品发表；在他人开发的软件上署名或涂改署名；未经软件著作权人或者合法受让人的同意，修改、翻译、注释其软件作品，复制或部分复制其软件作品向公众发行、展示其软件的复制品，向任何第三方办理其软件的许可使用或转让事宜。

## 二、合法经营

创业者在经营企业的过程中，必须符合法律规定。与企业经营有关的法律主要有竞争、质量和劳动等方面的法规。

### （一）反不正当竞争法

为了鼓励和保护公平竞争，制止不正当竞争行为，保护经营者和消费者的合法权益，中国于 1993 年 9 月 2 日颁布了《中华人民共和国反不正当竞争法》。该法规定，经营者在市场交易中，必须遵循自愿、平等、公平、诚实信用的原则，遵守公认的商业道德。所谓的不正当竞争，是指经营者违反该法规，损害其他经营者的合法权益，扰乱社会经济秩序的行为。所谓的经营者，是指从事商品经营或者营利性服务（以下所称商品包括服务）的法人、其他经济组织和个人。

**1. 不正当竞争行为依据法律规定，以下行为属于不正当竞争行为**

（1）采用下列不正当手段从事市场交易，损害竞争对手：假冒他人的注册商标；擅自使用知名商品特有的或近似的名称、包装、装潢，造成和他人的知名商品相混淆，使购买者误认为是该知名商品；擅自使用他人的企业名称或者姓名，引人误认为是他人的商品；在商品上伪造或者冒用认证标志、名优标志等质量标志，伪造产地，对商品质量做引人误解的虚假表示。

（2）公用企业或者其他依法具有独占地位的经营者，限定他人购买其指定的经营者的商品，以排挤其他经营者的公平竞争。

（3）政府及其所属部门滥用行政权力，限定他人购买其指定的经营者的商品，限制其他经营者正当的经营活动；限制外地商品进入本地市场，或者本地商品流向外地市场。

（4）经营者采用财物或者其他手段进行贿赂以销售或者购买商品。

（5）经营者利用广告或者其他方法，对商品的质量、制作成分、性能、用途、生产者、有效期限、产地等做引人误解的虚假宣传。

（6）经营者采用下列手段侵犯商业秘密：以盗窃、利诱、胁迫，或者其他不正当手段获取权利人的商业秘密；披露、使用或者允许他人使用以前项手段获取的权利人的商业秘密；违反约定或者违反权利人有关保守商业秘密的要求，披露、使用或者允许他人使用其所掌握的商业秘密。所谓商业秘密，是指不为公众所知悉、能为权利人带来经济利益、具有实用性并经权利人采取保密措施的技术信息和经营信息。

（7）经营者以排挤竞争对手为目的，以低于成本的价格销售商品。

（8）经营者销售商品，违背购买者的意愿搭售商品或者附加其他不合理的条件。

（9）经营者从事的有奖销售：采取欺骗方式；推销质次价高的商品；抽奖的最高奖金额超过5000元。

（10）经营者捏造、散布虚伪事实，损害竞争对手的商业信誉、商品声誉。

（11）投标者串通投标者，抬高标价或者压低标价。

**2. 监督检查和法律责任**

县级以上监督检查部门对不正当竞争行为，可以进行监督检查和进行相应的处理。经营者违反法律规定，给被侵害的经营者造成损害的，需要承担损害赔偿责任。被侵害的经营者的合法权益受到不正当竞争行为损害的，可以向人民法院提起诉讼。对各类不正当竞争的违法行为，依法进行相应的处罚。

## （二）合同法

为了保护合同当事人的合法权益，维护社会经济秩序，1999年3月15日，中国颁布了《中华人民共和国合同法》。所谓合同，是指平等主体的自然人、法人、其他组织之间设立、变更、终止民事权利义务关系的协议，法律对合同的当事人具有下列规定：法律地位平等；依法享有自愿订立合同的权利；遵循公平原则，确定各方的权利和义务；行使权利、履行义务、遵循诚实信用原则；订立、履行合同，应遵守法律、行政法规，尊重社会公德，不得扰乱社会经济秩序，损害社会公共利益；依法成立的合同，对当事人具有法律约束力，当事人应当按照约定履行自己的义务，不得擅自变更或者解除合同。

**1. 合同的订立**

当事人订立合同，应当具有相应的民事权利能力和民事行为能力。订立的合同，有书面形式、口头形式和其他形式。书面形式是指合同书、信件和数据电文（包括电报、电传、传真、电子数据交换和电子邮件）等，可以有形地表现所载内容的形式。

合同的内容由当事人约定，一般包括以下条款：当事人的名称或者姓名和住所，标的，数量，质量，价款或者报酬，履行期限、地点和方式，违约责任，解决争议的方法。当事人可以参照各类合同的示范文本订立合同。

当事人在订立合同过程中，有下列情形之一给对方造成损失的，应当承担损害赔偿责任：假借订立合同，恶意进行磋商；故意隐瞒与订立合同有关的重要事实，或者提供虚假情况；有其他违背诚实信用原则行为；泄露或者使用在订立合同过程中知悉的对方的商业秘密。

**2. 合同的效力**

依法成立的合同，自成立时生效。法律、行政法规规定应当办理批准、登记等手续生效的，依照其规定。当事人对合同的效力可以约定附加条件，附生效条件的合同，自条件成熟时生效。附解除条件的合同，自条件成熟时失效。

有下列情形之一的，合同无效：一方以欺诈、胁迫的手段订立合同，损害国家利益；恶意串通，损害国家、集体或者第三人利益；以合法形式掩盖非法目的；损害社会公共利益；违反法律、行政法规的强制性规定。

**3. 合同的履行**

当事人应当遵循诚实信用原则，根据合同的性质、交易习惯履行通知、协助、保密等义务。合同生效后，当事人就质量、价款或者报酬、履行地点等内容没有约定或者约定不明确的，可以协议补充；不能达成补充协议的，按照合同有关条款或者交易习惯确定。合同生效后，当事人不得因姓名、名称的变更，或者法定代表人、负责人、承办人的变动而不履行合同义务。

**4. 合同的变更和转让**

当事人协商一致，可以变更合同。法律、行政法规规定变更合同应办理批准、登记等手续的，依照其规定。债权人可以将合同的权利全部或者部分转让给第三人，但有下列情形之一的除外：根据合同性质不得转让；按照当事人约定不得转让；依照法律规定不得转让。当事人一方经对方同意，可以将自己在合同中的权利和义务一并转让给第三人。

**5. 合同的权利、义务终止**

有下列情形之一的，合同的权利、义务终止：债务已经按照约定履行；合同解除；债务相互抵销；债务人依法将标的物提存；债权、人免除债务；债权、债务同归于一人；法律规定或者当事人约定终止的其他情形。当事人协商一致，可以解除合同。有下列情形之一的，当事人可以解除合同：因不可抗力致使不能实现合同目的；在履行期限届满之前，当事人一方明确表示，或者以自己的行为表明不履行主要债务；当事人一方延迟履行主要债务，经催告后在合理期限内仍未履行；当事人一方迟延履行债务，或者有其他违约行为，致使不能实现合同目的；法律规定的其他情形。

**6. 违约责任**

当事人一方不履行合同义务或者履行合同义务不符合约定的，要承担继续履行、采取补救措施或者赔偿损失等违约责任。当事人一方明确表示，或者以自己的行为表明不履行合同义务的，对方可以在履行期限届满之前要求其承担违约责任。

## （三）产品质量法

为了加强对产品质量的监督管理，明确产品质量责任，保护用户、消费者的合法权益，维护社会经济秩序，1993 年 2 月 22 日，中国颁布了《中华人民共和国产品质量法》（以下简称《质量法》）。

所谓的产品，是指经过加工、制作，用于销售的产品。建设工程不适用此法规定。生产者、销售者必须依法承担产品质量责任，在生产经营中不得有以下行为：伪造或者冒用认证标志、名优标志等质量标志；伪造产品的产地，伪造或者冒用他人的厂名、厂址；在生产、销售的产品中掺杂、掺假，以假充真，以次充好。

**1. 产品质量的监督管理**

国家根据国际通用的质量管理标准，推行企业质量体系认证制度，参照国际先进的产品标准和技术要求，推行产品质量认证制度。国家对产品质量实行以抽查为主要方式的监督检查制度。保护消费者权益的社会组织，可以就消费者反映的产品质量问题，建议有关部门负责处理，支持消费者对因产品质量造成的损害向人民法院起诉。

**2. 生产者、销售者的产品质量责任和义务**

生产者要对其生产的产品质量负责，销售者要对销售的产品质量负有责任和义务。《质量法》对此都有明确要求。

**3. 损害赔偿**

售出的产品有下列情形之一的，销售者应当负责修理、更换、退货：给购买产品的用户、消费者造成损失的，销售者应当赔偿损失；不具备产品应当具备的使用性能而事先未做说明的；不符合在产品或者其包装上注明采用的产品标准的；不符合以产品说明、实物样品等方式表明的质量状况的。如果责任属于生产者，或者属于向销售者提供产品的其他销售者（供货者），销售者有权向生产者、供货者追偿。

## （四）劳动法

为了保护劳动者的合法权益，调整劳动关系，建立和维护适应社会主义市场经济的劳动制度，中国于 1994 年 7 月 5 日颁布了《中华人民共和国劳动法》。此法适用于在中华人民共和国境内的企业、个体经济组织（以下统称用人单位）和与之形成劳动关系的劳动者。

**1. 劳动者的权利和义务**

（1）劳动者享有以下权利。平等就业和选择职业的权利、取得劳动报酬的权利、休息休假的权利、获得劳动安全卫生保护的权利、接受职业技能培训的权利、享受社会保险和福利的权利、提请劳动争议处理的权利以及法律规定的其他劳动权利。

（2）劳动者具有以下义务。完成劳动任务、提高职业技能、执行劳动安全卫生规程、遵守劳动纪律和职业道德。用人单位需要依法建立和完善规章制度，保障劳动者享有劳动权利和履行劳动义务。劳动者有权依法参加和组织工会，工会代表应维护劳动者的合法权益，依法独立自主地开展活动。

劳动者依照法律规定，通过职工大会、职工代表大会或者其他形式，参与民主管理，或者就保护劳动者合法权益与用人单位进行平等协商。

**2. 劳动合同和集体合同**

劳动合同是劳动者与用人单位确立劳动关系和义务的协议。

建立劳动关系应当订立劳动合同。在订立和变更劳动合同时，应当遵循平等自愿、协商一致的原则。以下劳动合同为无效合同：违反法律、行政法规的劳动合同，采取欺诈、威胁等手段订立的劳动合同。

劳动合同应当以书面形式订立，并具备以下条款：劳动合同期限，工作内容，劳动保护和劳动条件，劳动报酬，劳动纪律，劳动合同终止的条件，违反劳动合同的责任。

经劳动合同当事人协商一致，劳动合同可以解除。符合法定条件的，也可解除劳动合同。企业职工一方与企业可以就劳动报酬、工作时间、休息休假、劳动安全卫生、保险福利等项签订集体合同。集体合同草案应当提交职工代表大会或者全体职工讨论通过合同的规定。

**3. 工作时间和休息休假**

国家实行劳动者每日工作时间不超过八小时、平均每周工作时间不超过四十四小时的工时制度。用人单位应当保证劳动者每周至少休息一日，若由于生产经营需要，经与工会和劳动者协商后可以依法延长工作时间。

**4. 工资**

工资分配应当遵循按劳分配原则，实行同工同酬。用人单位根据本单位的生产经营特点和经济效益，依法自主确定本单位的工资分配方式和工资水平。但支付劳动者的工资不得低于当地最低标准。工资应当以货币形式按月支付给劳动者本人，不得无故拖欠劳动者的工资。

**5. 劳动安全卫生**

用人单位必须建立、健全劳动安全卫生制度，严格执行国家劳动安全卫生规程和标准，对劳动者进行劳动安全卫生教育，防止劳动过程中的事故，减少职业危害。劳动安全卫生设施必须符合国家规定的标准。

**6. 职业培训**

用人单位当建立职业培训制度，按照国家规定提取和使用职业培训经费，根据本单位实际，有计划地对劳动者进行职业培训。从事技术工种的劳动者上岗前必须经过培训。

### 7. 社会保险和福利

国家设立社会保险基金，保险基金按照保险类型确定资金来源，逐步实行社会统筹。企业和劳动者必须依法参加社会保险，缴纳社会保险费。劳动者在下列情形下，依法享受社会保险待遇：退休、生病、负伤；因工伤残或者患职业病；失业；生育。

### 8. 劳动争议

用人单位与劳动者发生劳动争议，当事人可以依法申请调解、仲裁、提起诉讼，也可以协商解决。

### 9. 法律责任

用人单位制定的劳动规章制度违反法律、法规规定的，由劳动行政部门给予警告，责令改正；对劳动者造成损害的，应当承担赔偿责任。

# 参 考 文 献

[1] 黄海荣. 大学生创新创业教育指导[M]. 上海：上海交通大学出版社，2016.

[2] 刘辉，李强，王秀艳. 大学生创新创业教程[M]. 上海：上海交通大学出版社，2016.

[3] 李莉. 创业基础实训教程[M]. 北京：北京理工大学出版社，2018.

[4] 刘文杰，赵永会. 专业技术人员潜力激活与创造力开发[M]. 北京：国家行政学院出版社，2015.

[5] 刘亚娟. 创业风险管理[M]. 北京：中国劳动社会保障出版社，2011.

[6] 吴晓义. 创业基础：理论、案例与实训[M]. 北京：中国人民大学出版社，2014.

[7] 陈敬全，孙柳燕. 创新意识[M]. 上海：上海科学技术出版社，2010.

[8] 高万里，柏文静. 创业基础[M]. 北京：中国人民大学出版社，2015.

[9] 周延波，郭兴全. 创新思维与能力[M]. 北京：科学出版社，2004.

[10] 孙官耀. 大学生就业与创业指导教程[M]. 北京：科学出版社，2012.

[11] 达芳菊. 大学生职业生涯规划与就业指导[M]. 北京：中国传媒大学出版社，2014.

[12] 张秀娥. 创业管理[M]. 厦门：厦门大学出版社，2012.

[13] 李文忠. 创业管理——案例分析·经验借鉴·自我评估[M]. 北京：化学工业出版社，2011.

[14] 张耀辉，朱锋. 创业基础：Foundations of entrepreneurship[M]. 广州：暨南大学出版社，2013.

[15] 侯文华. 大学生创新创业教育教程[M]. 北京：科学出版社，2012.

[16] 杨乐克. 大学生创新创业教程[M]. 北京：中国时代经济出版社，2014.